V&R

Othmar Keel

Jerusalem und der eine Gott

Eine Religionsgeschichte

Vandenhoeck & Ruprecht

Den Grosskindern, Elia, Simon, Estelle und Yaël

Zweite, erweiterte Auflage

Mit 188 Abbildungen

Umschlagabbildung:
Matthaeus Seuztter, Map of ancient Jerusalem, after Villalpando, and
a bird's-eye-view of the city, after M. Merian Hand-coloured etching, ca. 1734
© The Israel Museum, Jerusalem

Bibliografische Information der Deutschen Nationalbibliothek
Die Deutsche Nationalbibliothek verzeichnet diese Publikation in der
Deutschen Nationalbibliografie; detaillierte bibliografische Daten sind
im Internet über http://dnb.d-nb.de abrufbar.

ISBN 978-3-525-54029-9

Weitere Ausgaben und Online-Angebote sind erhältlich unter: www.v-r.de

Printed in Germany.
Satz: Dörlemann GmbH & Co. KG, Lemförde
Druck und Bindung: ⊕ Hubert & Co, Göttingen

Gedruckt auf alterungsbeständigem Papier.

Inhalt

Vorwort 7

Drei Vorbemerkungen 9
1. Jerusalem – Geburtsort des jüdisch-christlichen Monotheismus 9
2. Eine wichtige Unterscheidung: Exklusiver und integrativ-kumulativer Monotheismus 11
3. Monotheismus – ein Produkt der Stadt, nicht der Wüste 13

Zur Lage Jerusalems 15
1. In Bezug auf die internationalen Verkehrswege 15
2. In Bezug auf Palästina 17
3. Zur Lage Jerusalems im Gelände und zu seiner Topographie 20

Die Namen der Stadt 26
1. Topographisch-historisch-politische Namen: Jerusalem, Zion, Davidstadt, Jebus, Aelia Capitolina 26
2. Poetisch-symbolische Namen: Morija, Ariel, Oholiba 32
3. Appellativische Namen wie »der Ort, den JHWH erwählen wird«, »Heilige Stadt« usw. 33

Die Geschichte Jerusalems 36
1. Eine starke kanaanäische Stadt der Mittelbronzezeit IIB (ca. 1700–1500 v. Chr.) 36
2. Eine Stadt unter ägyptischer Oberhoheit – die Spätbronzezeit (ca. 1500–1070 v. Chr.) 40
3. Jerusalem und die israelitischen Stämme – die Eisenzeit I (ca. 1150–980 v. Chr.) 44
4. Jerusalem wird Residenz Davids – und JHWHs (um 980 v. Chr.) 47
5. Salomo, Erbauer des 1. Tempels und Märchenkönig (um 950 v. Chr.) 54
6. Jerusalem – Konkurrenz und Kooperation mit dem Nordreich (ca. 930–730 v. Chr.) 63
7. Die Herrschaft Assurs über Jerusalem und der Prophet Jesaja (ca. 730–625 v. Chr.) 70
8. Der Fall Assurs und die Reorganisation Jerusalems und Judas unter Joschija (ca. 625–609 v. Chr.) 78
9. Kooperation oder Konfrontation mit Babylon – das Problem nach dem Tode Joschijas (609–587 v. Chr.) 84
10. Die Exilszeit – Klagen, Vorwürfe, Bitten und Visionen erneuerter Herrlichkeit (587–539 v. Chr.) 93
11. Jerusalem während der Zeit der Perserherrschaft – der 2. Tempel (539–333 v. Chr.) 99

12. Auseinandersetzung mit dem Hellenismus – Jerusalem von Alexander d.Gr. bis Pompeius (333–63 v. Chr.) 105

Eine Art Fazit 116
Als Nachwort einige Bemerkungen zur Geschichtsschreibung 121

Quellenangaben zu den Abbildungen 125
Zitierte Literatur 127

Vorwort

Das vorliegende Bändchen ist eine Kurzfassung des 1384-seitigen Werks »Die Geschichte Jerusalems und die Entstehung des Monotheismus« (Vandenhoeck & Ruprecht, Göttingen 2007). Dieses ist seinerseits ein Companion Volume des 1266-seitigen Werks von Max Küchler »Jerusalem. Ein Handbuch und Studienreiseführer zur Heiligen Stadt« (ebenfalls Vandenhoeck & Ruprecht, Göttingen 2007). Während mein Teil sich mit der Lage, den Namen und der Geschichte Jerusalems (bis zur Besetzung durch die Römer 63 v. Chr.) beschäftigt, beschreibt Küchler die Monumente aus biblischer Zeit, die noch besichtigt werden können, und die Bauten und anderen Denkmäler, die bis heute an biblische Ereignisse erinnern.
Die vorliegende Kurzfassung präsentiert im Wesentlichen Ergebnisse. Wer wissen will, auf welchen Ausgrabungsberichten, auf welchen inschriftlichen (epigraphischen) und bildlichen (ikonographischen) Quellen, auf welchen außerbiblischen Texten von den ägyptischen Ächtungstexten aus dem 18. Jh. v. Chr. bis zu den Werken des Flavius Josephus aus dem 1. Jh. n. Chr., auf welchen Bibelstellen und welchen Argumenten die vorgelegten Ergebnisse basieren, muss das ursprüngliche, hier nur knapp zusammengefasste Werk konsultieren. Dort wird auch viel Sekundärliteratur angeführt und divergierende Positionen werden diskutiert.
In der vorliegenden Kurzfassung sind nur gelegentlich Bibelstellen zitiert, weil alle, die sie benützen, eine Bibel zur Hand haben dürften und sie vielleicht konsultieren wollen. Das dürfte bei den ägyptischen Ächtungstexten oder bei Flavius Josephus weniger der Fall sein. Es werden hier auch nur eine Auswahl der 725 Abbildungen aus der Originalfassung, hingegen zusätzlich einige neue, bisher nicht veröffentlichte Funde abgebildet. Darstellungen der Geschichte Israels und Jerusalems ignorieren ikonographische Quellen meistens rundweg. Das ist aber aus drei Gründen keine gute Praxis: Erstens ist es nicht angängig, bei einem »Prozess« eine bestimmte Gruppe von Zeugen, z. B. Frauen, *a priori* auszuschließen. Zweitens ist dies besonders unstatthaft bei Geschehnissen, für die – wie für die der frühen Geschichte Jerusalems – im Vergleich mit solchen neueren Datums extrem wenige Zeugnisse vorliegen, und drittens handelt es sich bei den ikonographischen um besonders qualitätvolle Zeugnisse, die häufig neue Gesichtspunkte ins Spiel bringen. »No other kind of relic [...] from the past can offer such a direct testimony about the world which surrounded other people at other times« (J. Berger, Ways of Seeing, London 1972, 10).
Ich danke Giusep Nay, der angeregt hat, diese Kurzfassung zu machen und ich danke meiner Frau, Hildi Keel-Leu, und Patrick Schnetzer, die sorgfältig Korrektur gelesen und eine Anzahl wichtiger Änderungen vorgeschlagen haben. Dem Verlag Vandenhoeck & Ruprecht verdanke ich einmal mehr die gepflegte Gestaltung einer Publikation.

Fribourg, 6. Februar 2011 Othmar Keel

Drei Vorbemerkungen

1. Jerusalem – Geburtsort des jüdisch-christlichen Monotheismus

Wie vielfältig, aspektreich und widersprüchlich die (religiöse) Wahrnehmung Jerusalems ist, können zwei Schlaglichter auf das heutige Jerusalem zeigen. Wenn man Jerusalem als Tourist oder Touristin besucht, kann besonders die Altstadt als ein ästhetisch ungemein ansprechendes Freilichtmuseum erlebt werden, das vielfältige Zeugnisse einer dramatischen Geschichte birgt. Ihre Wirkungen zuckten zeitweise über den ganzen Globus. Das »Museum« ist auf angenehme Weise mit Elementen orientalischer Gastfreundschaft und eines orientalischen Basars durchsetzt. Die aschkenasischen Juden, angetan mit Mänteln und pelzgeschmückten Hüten ihrer osteuropäischen Vergangenheit, beten in der Sommerhitze an der Klagemauer, konkurrenziert von emanzipierten Jüdinnen aus dem Westen. Die Christen und Christinnen, die unter klagenden Gesängen ein Kreuz durch die Via Dolorosa tragen, und die Muslime, die sich auf dem Tempelplatz in langen Reihen Richtung Mekka niederwerfen, haben für die, die das »Museum« besuchen, einen religionsphänomenologischen oder auch nur folkloristischen Reiz.

Für die aktiv Religiösen des Judentums, des Christentums und des Islam hingegen spielte und spielt Jerusalem als Heilige Stadt in der Vorstellungswelt und häufig auch in der Praxis eine hervorragende, wenn auch für jede dieser drei Religionen anders geartete Rolle. Für das Judentum ist es der Ort des 1. und 2. Tempels, für das Christentum der des Todes und der Auferstehung Jesu Christi, für den Islam der der Himmelfahrt Mohammeds. Das Judentum als Ganzes hat die Bedeutung des konkreten Jerusalems nie unterschätzt. Eher fanden sich Bewegungen, die trotz der Warnungen einzelner Propheten (Micha, Jeremia, Jesus) die Präsenz Gottes in Jerusalem als Garantie für die Unverletzlichkeit der Stadt interpretierten. Diese abergläubische Überzeugung führte wiederholt zur Zerstörung der Stadt.

Das Christentum hat das irdische Jerusalem gegenüber dem himmlischen zuerst massiv abgewertet. Schon bald nach Konstantin setzte aber eine anhaltend steigende Wertschätzung ein, die im Willen der Kreuzfahrer gipfelte, die Oberhoheit über das irdische Jerusalem für die Christenheit zurück zu gewinnen.

Für den Islam spielten ganz zu Beginn nicht Mekka und Medina die Hauptrolle, sondern man betete Richtung Jerusalem. Das hat Mohammed, nachdem er sich mit der jüdischen Gemeinde Medinas total zerstritten hat, geändert und verlangt, sich statt wie bisher beim Gebet nach Jerusalem nach Mekka, der Kaaba zuzuwenden. Er rechtfertigt die Änderung in Sure 22,136–146. Mit dem Bau des »Felsendoms« wurde Jerusalem dann aber doch zum drittwichtigsten Heiligtum des Islam.

Jerusalem ist für Judentum, Christentum und Islam bis heute eine Art »Sakrament«, das die Gläubigen in unmittelbaren Kontakt mit den Gestalten ihrer religiösen Sehnsucht bringt. Ein Besuch bewirkt in der Regel Erhebung und Erbauung, wie sie die Erfüllung lang gehegter Sehnsucht gewährt. Das Religiöse bleibt für einmal nicht nur Geist und Wort, sondern »nimmt Fleisch an«. Wie alles Intensive kann auch diese Erfahrung krankhafte Formen annehmen, wie das immer wieder geschieht. Man bezeichnet diese emotionale Überfrachtung als »Jerusalem Syndrom«: Die Betroffenen berichten von Visionen und Erscheinungen und identifizieren sich mit Jesus, Mohammed oder gar mit Gott.

Wie ist es dazu gekommen, dass die Stadt solch intensive Wirkung ausübt? Erklärt sich das aus ihrer *Lage*? Ist sie von der Geographie her zu ihrem späteren Status seit je prädestiniert gewesen? Oder sind es Seher, Denker, Dichter und Politiker gewesen, die durch ihre Visionen und Sprachschöpfungen, durch die *Namen* und Titel, die sie der Stadt verliehen, durch Institutionen, die sie schufen, der Stadt ihren Nimbus gegeben haben und sie als eine ganz andere, eine heilige Stadt sehen lehrten? Haben ihr bestimmte *geschichtliche* Personen wie David, Salomo, Jeremia oder Jesus, geschichtliche Ereignisse wie der Tempelbau, die Zerstörung der Stadt durch Nebukadnezzar oder die Kreuzigung Jesu einen unauslöschlichen Charakter eingeprägt? Ist es ihre Architektur, sind es ihre gewaltigen, kunstvollen Bauten, die z. T. noch heute täglich von zahlreichen Menschen als Denkmäler entscheidender Geschehnisse besucht und *besichtigt* werden, die ihre unverwechselbare Physiognomie ausmachen?

In der vorliegenden Darstellung wird zuerst die *Lage* Jerusalems diskutiert. Ihre verschiedenen *Namen* fassen wie Monumente zusammen, was sie im Lauf der Zeit ihren Bewohnern und Verehrerinnen bedeutet hat. Die »Geschichte« Jerusalems kann unter sehr verschiedenen Gesichtspunkten und mit sehr verschiedenen Akzentsetzungen geschrieben werden. Man kann verfolgen, wie die Stadt im Lauf ihrer Geschichte gewachsen, geschrumpft und wieder gewachsen ist (vgl. **Abb. 6**), wer ihre Mauern gebaut hat und wo sie verlaufen sind. Man kann den Wandel ihrer ökonomischen Verhältnisse und deren Interaktion mit den verschiedenen politischen Organisationsformen beschreiben. Die vorliegende Darstellung der ersten 1700 Jahre Jerusalems richtet ihr Augenmerk auf die Religionsgeschichte der Stadt. Sie wird von israelischen Historikern, die als säkulare Zeitgenossen wenig Interesse an Religion haben, weitestgehend vernachlässigt. Jerusalem aber konnte sich, was seine Ausdehnung anbelangt, nie mit großen Städten, weder des Altertums noch der Neuzeit messen. Alexandria oder Antiochia waren in dieser Hinsicht viel bedeutender. Jerusalem hat nicht wie Tyrus oder Karthago hervorragende ökonomische Leistungen erbracht, noch durch Wissenschaft, Philosophie und Kunst Weltbedeutung erlangt wie Athen, noch durch geniale Politik und technisches Knowhow ein Riesenreich errichtet und dieses mit relativ geringen militärischen Kräften über Jahrhunderte aufrecht erhalten wie Rom. Jerusalem hat nur dank der in ihr begründeten religiösen Praktiken (z. B. Siebentage-Woche) und der daselbst entwickelten Theologie schon in der vorchristlichen Antike und erst recht danach weltgeschichtliche Bedeutung erlangt. Ihre wichtigsten, von Hunderttausenden besuchten Denkmäler sind nicht primär ästhetischer Natur wie die großen Museen der Welt, noch politischer wie gewisse Regierungspaläste. Sie sind religiöser Art (vgl. Küchler 2007). Aufgrund der an diesem Ort entstandenen und entwickelten theologischen Traditionen wurde Jerusalem zur Geburtsstätte des Monotheismus oder genauer: *eines* Monotheismus. Es war nicht der erste, aber der folgenreichste.

2. Eine wichtige Unterscheidung: Exklusiver und integrativ-kumulativer Monotheismus

Der erste, geschichtlich eindeutig bezeugte Eingottglaube ist der des ägyptischen Pharao Echnaton (1353–1336 v. Chr.). Erik Hornung zählt in seinem ebenso knappen wie meisterhaften Exkurs zum »Ansatz Echnatons« in seinem Klassiker »Der Eine und die Vielen« (Wiesbaden ^{6}2005, 259–266) zuerst eine Reihe traditioneller ägyptischer Sonnenkult-Elemente im System Echnatons auf. *Neu* an Echnatons Ansatz ist nach Hornung, dass er

»konsequent nach einer einzigen Ursache für alle Phänomene sucht und sie im Licht zu finden glaubt, das nun zum alleinigen göttlichen Prinzip und damit zur Grundlage eines Monotheismus und einer ersten Religionsstiftung wird [...] Nun ist, zum ersten Mal in der Geschichte, Göttliches Eines geworden, ohne die Komplementarität der Vielen [...] Die Fülle der Gestalten ist auf die eine Erscheinungsform des Strahlenaton verkürzt, der zur einzig verbindlichen Darstellung des Gottes wird, und aus der Fülle der Götternamen bleibt nur ein doppelter übrig: Re, der sich als Aton offenbart (›gekommen ist‹). Aus einem Gott ›ohne seinesgleichen‹ ist, in feiner Abstufung, ein Gott ›ohne einen anderen außer ihm‹ geworden. Dem entspricht die Einzigartigkeit seines Propheten, denn auch Echnaton ist jetzt ›einzig wie der Aton; es gibt keinen anderen Großen außer ihm‹ [...] Was zum Wesen des Aton nicht passt, ist nicht länger göttlich und wird durch Verschweigen geleugnet. Die Hymnik Echnatons, die den Aton mit vertrauten Wendungen preist, unterscheidet sich von der älteren Hymnik wesentlich durch das, was sie fortläßt.«

Das Göttliche wird auf das Licht Atons reduziert. Es ist ein Monotheismus exklusiver Art. Außer Aton wird alles ausgeschlossen. Die ägyptische Kultur war aber nicht bereit, auf all die komplementären Gottheiten zu verzichten, etwa auf Osiris, der das Jenseits prägte, oder auf all die weiblichen Gottheiten wie Hathor, Isis, Mut, Neith und Sachmet. Wie J. Assmann bemerkt, handelte es sich bei Echnaton um eine Art Vorsokratiker vor deren Zeit, die rund 700 Jahre später begann. Es geht bei ihm eher um eine philosophische Einsicht als um eine Religionsstiftung. Alles wird exklusiv auf ein einziges (empirisches) Prinzip, auf das Sonnenlicht, zurückgeführt wie bei Thales von Milet, der das Wasser als *arche* prädizierte.

Alle Spuren von Echnatons Monotheismus wurden nach seinem Tod getilgt. Sein kühner Ansatz wurde erst im Rahmen der wissenschaftlichen Erforschung Ägyptens im 19. Jh. n. Chr wieder entdeckt.

Sigmund Freuds 1939 kurz vor seinem Tod erschienene Spätschrift »Der Mann Moses und die monotheistische Religion« hat die Hypothese populär gemacht, Mose habe den Israeliten die Religion Echnatons vermittelt. Sie ist historisch nicht vertretbar. Die Religion Echnatons war im 12. Jh. v. Chr. nicht mehr bekannt. Der historische Mose, soweit er überhaupt fassbar ist, war Polytheist. Als solchen schildert ihn die grundlegende Erzählung von seiner Begegnung mit einem göttlichen Wesen im brennenden Dornbusch, das ihn beauftragt, die Hebräer aus Ägypten herauszuführen. Es ist kein einziger Gott, der ihm da erscheint, sondern ein göttliches Wesen, das einen Namen haben muss, um es von anderen göttlichen Wesen unterscheiden zu können. Der erscheinende Gott nennt als seinen Namen JHWH. Das Hebräische schreibt nur die Konsonanten. Aufgrund akkadischer und griechischer Umschreibungen, die die Vokale mitberücksichtigen, kann man annehmen, dass der Name »Jahwe« ausgesprochen wurde. »Das ist mein Name für immer, und so wird man mich nennen in allen Generationen« (Ex 3,15). Wenn das Judentum trotz dieses Satzes in nachexilischer Zeit angefangen hat, diesen Namen nicht mehr zu verwenden (s. unten), hat das nichts damit zu tun, dass dieser Name zu heilig und unaussprechlich wurde, das ist eine Mystifizierung des Sachverhalts, sondern damit, dass der Eigenname, nachdem sich der Monotheismus durchgesetzt hatte, daran erinnerte, dass JHWH einmal ein Gott unter anderen Göttern war. Der historische Mose ist nicht der Stifter des israelitisch-jüdischen Monotheismus. Dieser ist erst, wie zu zeigen sein wird, im 8.–6. Jh. v. Chr. entstanden.

Wenn ein ägyptisches Zeugnis mit der Entstehung des israelitisch-jüdischen Monotheismus historisch in Verbindung gebracht werden kann, dann nicht die Lehre Echnatons, sondern das so genannte »Denkmal memphitischer Theologie«. Dieses wird von der ägyptologischen Forschung zunehmend entschieden in die Zeit der 25. Dynastie (728–656 v. Chr.) datiert (Peust/Sternberg-el Hotabi 2001; El Hawary 2010). Die einzigartige Komposition lässt Ptah, den Hauptgott von Memphis, alle anderen Wesen, auch alle anderen Gottheiten, durch sein Denken (Herz) und Sprechen (Zunge) entstehen. Ptah wird da nicht zu einem monotheistischen Gott im strengen Sinn, aber doch zu einem Gott, durch dessen Denken und Sprechen alle anderen Gottheiten, kurz alles andere überhaupt hervorgebracht worden ist. Im etwas jüngeren biblischen Schöpfungstext in Genesis 1 haben wir ähnliche Vorstellungen, diesmal allerdings konsequent monotheistisch durchdacht und formuliert. Da erschafft Gott die Welt durch sein Sprechen. Andere Gottheiten gibt es nicht. Das »Denkmal memphitischer Theologie« hingegen ordnet die anderen Gottheiten Ptah zwar unter, leugnet deren eigenständige Existenz aber nicht. Es ist nicht monotheistisch. So bleibt ägyptischerseits nur der Monotheismus Echnatons, von dem man im Jerusalem des 1. Jahrtausends nichts wissen konnte. Wichtiger noch als der fehlende historische Zusammenhang ist die Tatsache, dass der israelitisch-judäische Monotheismus völlig anderer Art war als der Echnatons.

Im Gegensatz zu Echnatons reduktivem-exklusivem Monotheismus depotenzierte der Jerusalemer Monotheismus zwar auch verschiedenste Götter und Göttinnen, übertrug jedoch in großem Umfang Attribute verschiedenster Gottheiten und Erzählungen über sie auf JHWH und kann so als inklusiv-kumulativ oder inklusiv-integrativ bezeichnet werden. Einige Beispiele sollen das belegen. Während in Ägypten und in Mesopotamien in der Regel eine männliche und eine weibliche Gottheit an der Erschaffung des Menschen beteiligt sind, übernimmt in Genesis 2 JHWH allein beide Rollen, die männliche und die weibliche. Noch deutlicher ist das in der Sintflutgeschichte, wo in den älteren mesopotamischen Versionen mindestens vier Gottheiten eine Rolle spielen, nämlich drei männliche, Enlil, Adad, Enki-Ea, und eine weibliche, Nintu-Ischtar. In den biblischen Versionen übernimmt JHWH alle vier, wirkt so nicht sehr kohärent, aber umso aspektreicher. Besonders sympathisch macht ihn die Rolle, die er von der Göttin übernommen hat, die am Schluss der Sintflut schwört, dass nie mehr eine solche Flut die Erde überschwemmen soll. Von einem Schwur ist in Gen 8,21f nicht die Rede. In Jes 54,9 taucht dieser Schwur der Göttin der mesopotamischen Sintflutgeschichte auf und zwar als solcher JHWHs. In der Sodomerzählung erscheint JHWH in der Gestalt des richtenden Sonnengottes, in Psalm 29 als donnernder Wettergott. Dieser inklusiv-integrative Monotheismus ist vom Frühjudentum, vom Christentum und vom Islam je verschieden interpretiert worden. J. Assmann hat mit zahlreichen Arbeiten den seit D. Hume und A. Schopenhauer immer

wieder erhobenen Vorwurf, die monotheistischen Religionen seien aggressiver und gewaltbereiter als die polytheistischen, erneut zum Thema gemacht.
Auf diesen Vorwurf wird noch zurückzukommen sein, wenn im Rahmen der Geschichte Jerusalems beschrieben wird, aufgrund welcher Voraussetzungen der Monotheismus entstanden ist und mit welchen Mitteln er Gestalt gewonnen und Ausdruck gefunden hat, was seine Vorzüge und Stärken und was seine Schwächen sind und wie er schließlich zum Fundament der drei monotheistischen Religionen mit ihren zahlreichen Varianten geworden ist. Dieses Interesse soll die Erkenntnisfindung im vorliegenden Versuch leiten. Natürlich kann man über die Geschichte Jerusalems auch ohne Berücksichtigung religionsgeschichtlicher und religionswissenschaftlicher Fragestellungen dieser Art schreiben. So skizzieren I. Finkelstein und D. Silberman in ihrem Buch »David und Salomo« (München 2006) die beiden Jerusalemer Gründergestalten unter politischen Aspekten, besonders dem Aspekt welche Art von Herrschaft sie über welches Territorium ausübten, ohne überhaupt die Frage zu stellen, was ihr Wirken für die Entstehung des Monotheismus bedeutet haben könnte. Die Frage der Grenzziehung ist im heutigen Israel von großer Aktualität. Finkelstein und Silberman thematisieren an religionsgeschichtlichen Fragen einzig die Nachgeschichte der Davidsgestalt mit der messianischen Hoffnung auf einen David redivivus, und auch das nur am Rande.

3. Monotheismus – ein Produkt der Stadt, nicht der Wüste

Psalm 107 fordert vier Gruppen von Menschen, die in großer Not waren, auf, ihre Gelübde einzulösen. Die erste Notsituation, die genannt wird, ist die, sich in der Wüste verirrt zu haben und vor Hunger und Durst fast gestorben zu sein (V. 4–9). Sie kommt vor Gefängnis, Krankheit und Seenot. Die Steppen-Wüste (*midbar*), die Einöde (*jeschimon*) wird in diesem Psalm der bewohnten, wohnlichen Stadt (*ir moschab*) gegenübergestellt. Die Wüste ist nach einer in den biblischen Texten dominierenden Vorstellung im Gegensatz zur Stadt das Nicht-Land, das Todesland.
In der biblischen Tradition begegnet Mose JHWH, als er seine Kleinviehherde über die Steppen-Wüste (*midbar*) hinaus zum Berge Horeb führt (Ex 3,1). Der von Isebel verfolgte Prophet Elija wandert von Beerscheba im Negev in die Wüste (*midbar*) hinaus und von dort 40 Tage und Nächte, bis er zum Gottesberg Horeb kommt (1Kön 19,1–18). Vielleicht ist Horeb, d.h. »Wüstenort«, nur ein Deckname für den älteren Namen Sinai, der unter der Herrschaft des babylonischen Königs Nabonid (556–539 v.Chr.), eines Verehrers des Mondgottes Sin, volksetymologisch anrüchig geworden war, wie E. A. Knauf meint. Auch der Sinai liegt in der Wüste (Ex 16,1). Nach Ex 19,1 kam das Volk im dritten Monat nach dem Auszug aus Ägypten in der Wüste Sinai an. Das sind etwas mehr als die drei Tagereisen, von denen Mose dem Pharao sagt, er wolle das Volk in die Wüste führen, damit es dort seinen Gott verehren könne (Ex 3,18; 5,1; 7,16; 8,27f). Die Verehrung JHWHs dürfte aus Regionen, die heute den äußersten Süden Jordaniens bzw. den äußersten Nordwesten Saudiarabiens bilden, nach Palästina gebracht worden sein (vgl. dazu unten).
Nun war der ursprüngliche JHWH zwar kein monotheistischer Gott, wenn einzelne spätere Stränge der biblischen Überlieferung auch einen solchen aus ihm gemacht

haben. Die Überlieferung von seinem fernen, unerreichbaren Wüstenberg als ursprünglichem Wohnsitz haben ihm aber eine Aura des Fremden, Unzugänglichen, Unfassbaren verliehen, was eine Art Transzendenz vorstellbar, ja fast physisch fühlbar werden ließ.
Die Romantik mit ihrer Liebe und ihrem Sinn für die Eigenart von Landschaften hat die Wüste den Monotheismus sozusagen aus sich heraus generieren lassen. Besonders einfluss- und folgenreich hat das Werk von Ernest Renan »Histoire générale et système comparé des langues sémitiques« diese Sicht vertreten (Paris 1855, ^{4}1864). Für den Islam findet sie sich z. B. bei W. Gebel, häufig zitiert unter dem Titel: »Der Islam – die Religion der Wüste« (Breslau 1922).
Mehr als 100 Jahre nach Renans Werk beschreibt F. Dürrenmatt in seinem »Essay über Israel« von 1980 einen Flug über den Negev:

»Hinunterstarrend auf diese tote Welt wird mir klar, dass der Gott, den die Wüste hervorbrachte (sic!), dieser unsichtbare Gott, der Gott Abrahams, welcher der Gott der Juden, Christen und Mohammedaner wurde, eine Erfahrung der Wüste ist, nicht ein Schluss der Philosophie oder eine Konzeption, und dass, fehlt diese Erfahrung, uns die Sprache fehlt, von ihm zu reden, über ihn lässt sich nur schweigen.«

Eine ähnlich romantische Sicht des Zusammenhangs zwischen Monotheismus und Wüste findet sich dank der Anschaulichkeit des Topos bis in die Gegenwart immer wieder. Monotheismusgegner haben den Topos polemisch eingesetzt. Ein Gott, dessen Herkunft die Wüste sei, könne die Welt nur in eine Wüste verwandeln. Das Klischee scheint unausrottbar geworden zu sein: »Die drei großen monotheistischen Religionen sind Wüstenprodukte [...] Die karge Umwelt ist die ideale Kulisse für die Hinwendung zu einem fernen, unsichtbaren Gott, der Askese verlangt – psychische Selbstverwüstung«, so M. Schreiber in einem Beitrag im »Spiegel« vom 15. April 2006.
Historisch gesehen hat sich das Konzept des Monotheismus in Städten entwickelt und durchgesetzt. Für den Städter, der aus dem Flugzeug auf die Wüste hinunter schaut, ist sie tot. Für den Wüstenbewohner lebt sie. Der Monotheismus ist als Vorspiel in Theben und Amarna, als weltgeschichtliches Phänomen in Jerusalem und Babylon entstanden, wie das vorliegende Werk zu zeigen versuchen wird, in Mekka und Medina, wie die islamische Tradition weiß. Alle diese Städte lagen aber von Steppen und Wüsten mit den entsprechenden Erfahrungen von Stadtmenschen nicht allzu fern. Diese Erfahrungen wurden auch thematisiert, wie die biblischen Traditionen von der Wüstenwanderung und vom Gottesberg in der Wüste zeigen. Als Element einer für jeden Monotheismus wichtigen *theologia negativa*, welche die Unfassbarkeit und Unaussprechlichkeit Gottes betont, kann das »Wüstenmotiv« ein Gegengift gegen allzu simple, zu anthropomorphe Gottesbilder sein. Zahlreiche Mystiker haben es in ihrem Reden von der »Nacht« bzw. »Wüste Gottes« thematisiert.

Die bloß relative Wichtigkeit dieser Wüstenerfahrungen demonstriert die Tatsache, dass für keine der monotheistischen Religionen ein Wüstenberg zum heiligsten Ort geworden ist. Die heiligsten Orte der monotheistischen Religionen sind durchwegs Städte: Rom, Konstantinopel, Mekka, Medina, vor allem aber Jerusalem, die als einzige Stadt für alle drei monotheistischen Weltreligionen von Bedeutung ist. Darin manifestiert sich die der kanaanäisch-jüdisch-christlich-islamischen Tradition grundlegend innewohnende Schöpfungs-, Kosmos- und Kulturfreudigkeit. Das bedeutendste Symbol des Kosmos, das Heiligtum, steht im Zentrum der Stadt.

Zur Lage Jerusalems

1. Im Hinblick auf die internationalen Verkehrswege

Die Historiker der französischen Annales-Schule um Fernand Braudel haben in der Geschichte drei Arten von Elementen unterschieden: Erstens solche von langer Dauer, die die Histoire de longue durée prägen wie die geographische Lage oder Institutionen wie das Pharaonen- oder das Papsttum, die über Jahrtausende wirksam bleiben. Zweitens konjunkturelle Elemente, die die Histoire conjoncturelle generieren wie die rund 70 Jahre lang dauernde Präsenz Assurs in Jerusalem, und drittens Elemente der Ereignisgeschichte, der Histoire événementielle, die sich in Monaten, Wochen oder sogar Stunden abspielen. Wie alle Unterscheidungen solcher Art ist auch diese mit einem guten Stück Willkür behaftet und die Grenzen bleiben notwendigerweise unscharf. Vorkommnisse der Ereignisgeschichte können Faktoren der longue durée hervorbringen wie z.B. die Einnahme Jerusalems durch David oder der Bau des Suezkanals.
Kaum umstritten ist die Bedeutung, die der geographischen Lage einer Stadt für ihre Geschichte zukommt. Wie stark aber selbst eine anscheinend so objektive Gegebenheit subjektiv-ideologischen Deutungen unterworfen ist, zeigt die Diskussion um die Bedeutung der Lage von Jerusalem.
Man kann die Lage Jerusalems mit der von Ezechiel 5,5 inspirierten Kurzformel »inmitten der Völker – für sich allein« beschreiben. Wie Palästina im Ganzen lag Jerusalem zwischen den beiden altorientalischen Machtzentren Mesopotamien (Sumer, Babylon, Assur, Persien) und Ägypten. Die Hauptverkehrswege, die diese beiden Machtzentren verbanden und eine Art Brücke zwischen beiden bildeten, durchliefen Jerusalem jedoch nicht.
Die »Meerstraße« verläuft etwa 50 km Luftlinie westlich von Jerusalem an der Mittelmeerküste entlang. Zwischen der Stadt und dieser Straße liegen die Küstenebene, die 200–300 m hohen Hügelzüge der Schefela, die sich von Norden nach Süden hinziehen und eine Art Riegel bilden, und schließlich die steilen Abhänge des Gebirges Juda. Um von der Küstenebene nach Jerusalem zu gelangen, muss man eine Höhendifferenz von 700–800 m überwinden.
Noch größer ist die Distanz zum internationalen Weg im Osten, zur so genannten »Königsstraße«. 60–70 km liegen zwischen ihr und Jerusalem. Dabei müssen die Reisenden von der transjordanischen Hochebene, die rund 1000 m ü. M. liegt, auf etwa 300–350 m unter Meer ins untere Jordantal absteigen, um dann westlich des Jordans wieder die 750 m ü. M. zu gewinnen, auf denen Jerusalem liegt, also eine Höhendifferenz von ca. 2500 m überwinden. Es ist wohl vor allem auf diese Zugänge von Osten und Westen her zurückzuführen, dass im biblischen Hebräisch konsequent nach Jerusalem beziehungsweise zum Zion hinaufgestiegen wird (vgl. z.B. Ps 122,4).

Jerusalem lag zwischen beiden internationalen Straßen wie ein Beobachtungsposten. Es war den Angriffen fremder Heere weniger ausgesetzt als Küstenstädte wie Gaza

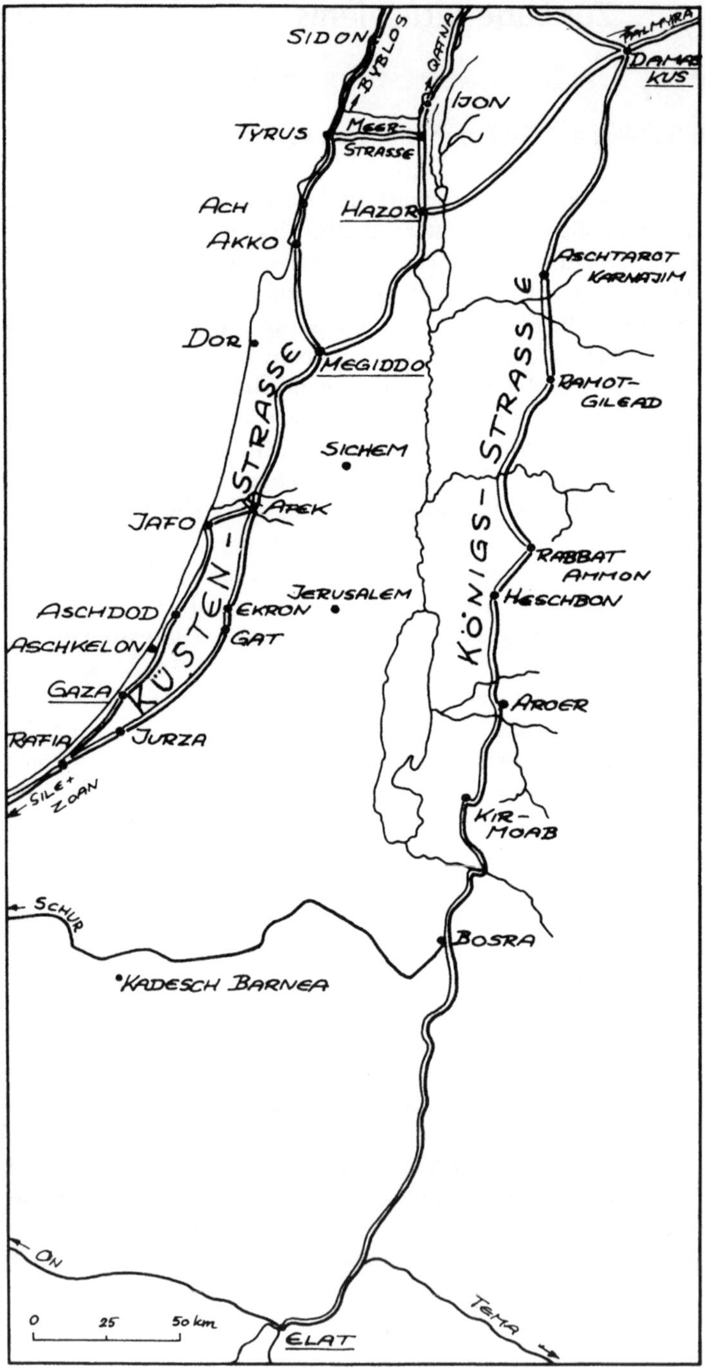

1 Die internationalen Verkehrswege, die die südliche Levante durchziehen; im Westen die »Meer-« bzw. »Küsten-Straße«, im Osten die »Königs-Straße«.

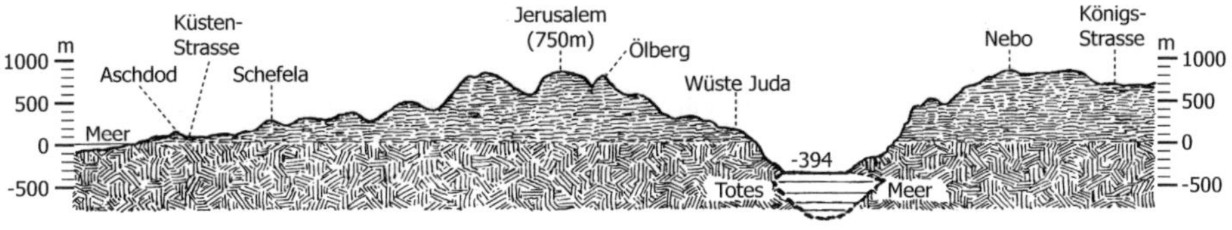

2 Um von der Küsten-Straße im Westen und der Königs-Straße im Osten nach Jerusalem zu gelangen, mussten beträchtliche Höhendifferenzen überwunden werden.

und Aschkelon. Jerusalem besaß Abstand zu den Großmächten, die abwechslungsweise die Küstenstraße und -ebene beherrschten, und dank des Gebirges ein ziemliches Abwehrpotential. Es lag aber doch nahe genug an der neuralgischen Berührungszone zwischen Ägypten und Vorderasien. Von den Vorposten Jerusalems in der Schefela aus ließ sich das internationale Geschehen gut beobachten und mit den ägyptischen oder assyrischen, babylonischen oder persischen, ptolemäischen oder seleukidischen Händlern, Diplomaten, Priestern und Heerführern Kontakt aufnehmen, um Informationen zu bekommen. Von seiner schwer einnehmbaren Position aus hatte es wiederholt großen Einfluss auf diese hochsensible Region, die für Ägypten das Tor zu Vorderasien und für die vorderasiatischen Mächte das Tor nach Ägypten darstellte.

2. In Bezug auf Palästina

Der Bibliker Albrecht Alt hat 1925 unter Aufnahme älterer Positionen (Strabo, G.A. Smith) in einem einflussreichen Aufsatz über »Jerusalems Aufstieg« unter David die wenig günstige verkehrsgeographische Lage der Stadt dramatisch betont. Die von Alt in diesem Aufsatz angestellten Überlegungen haben die wichtigsten ideologischen Grundlagen für das 1995/1996 von der israelischen Stadtverwaltung Jerusalems inszenierte Jubiläum »3000 Jahre Jerusalem« geliefert. Tatsächlich ist Jerusalem vor ca. 3700 Jahren als mächtige kanaanäische Stadt gegründet worden. Alt hat dieses kanaanäische Jerusalem total abgewertet und David zum eigentlichen Gründer Jerusalems gemacht, was der israelischen Sicht angesichts der aktuellen Position sehr entgegen kommt. Was hat Alt zu seiner Sicht veranlasst? Am 9. Dezember 1917 haben die Engländer Jerusalem nach 400-jähriger osmanischer Herrschaft kampflos erobert. 1918, nach der Eroberung ganz Palästinas, machten sie Jerusalem wie selbstverständlich zur Hauptstadt. Ein Blick auf die Karte zeigt, dass 1918, als Transjordanien noch zu Palästina gehörte (es wurde erst 1923 abgetrennt), Jerusalem, von seinem historischen Gewicht abgesehen, eine nahe liegende Wahl war, denn Jerusalem lag im Herzen dieses Landes.

Alt, der seinen Aufsatz nur wenige Jahre nach diesen Ereignissen schrieb, unterstrich, wie wenig selbstverständlich die Hauptstadtrolle Jerusalems eigentlich war. Selten sei Jerusalem im Lauf seiner fast 4000-jährigen Geschichte Hauptstadt des Landes gewesen. Ohne den kühnen Willensakt Davids, für seine beiden Herrschaftsbereiche Juda und Israel ein Zentrum zu schaffen, wäre nach Alt Jerusalem überhaupt nie zu irgendwelcher Bedeutung gekommen. »Nicht der Natur verdankt Jerusalem seinen

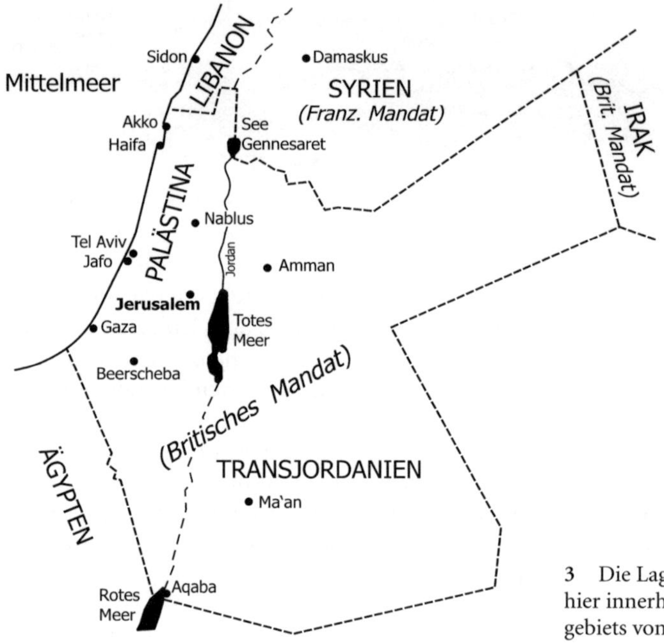

3 Die Lage Jerusalems in der Region, hier innerhalb des Britischen Mandatsgebiets von 1918, ist zentral.

Vorrang […], die Geschichte hat es der Natur abgetrotzt.« Dieses Urteil ist seither unzählige Male übernommen und wiederholt worden.

Alts Überlegungen sind aber mehr als fragwürdig. Alt setzt bei der Tatsache ein, dass Jerusalem im Laufe der letzten 3700 Jahre relativ selten Hauptstadt Palästinas war. Das ist richtig, aber so eindrücklich das klingt, es bedeutet nicht viel. Erstens, weil Palästina im Laufe seiner Geschichte selten eine Hauptstadt hatte. Es erstaunt, dass Alt dies als glänzender Kenner Palästinas nicht gesehen hat. Palästina ist ähnlich wie Syrien und Libanon ein reich gegliederter Raum und im Gegensatz zu den großen Flusstälern des Nils und des Eufrats ohne einigendes Band. Solche Räume sind zentralistischen politischen Strukturen nicht förderlich. Während im 3. und 2. Jahrtausend v. Chr. am Nil und am Eufrat bzw. Tigris große Reiche entstanden, kam man in der Levante nie über Stadtstaaten hinaus. Zweitens wurde Palästina, wenn es politisch geeint wurde, meistens von außen geeint, so von Assur, Babylon, Persepolis, Rom, Byzanz, von Damaskus oder von Kairo. Es ist leicht verständlich, dass man von diesen Metropolen aus gesehen Orte wie Cäsarea am Meer oder Lydda bzw. Ramle in der Küstenebene, die für den Fernverkehr günstiger lagen, Jerusalem vorzog. Für die Lage Jerusalems innerhalb Palästinas besagt dies nichts.

Alt scheint das geahnt zu haben, wenn er sich von den geschichtlichen Entwicklungen ab- und der natürlichen geographischen Lage zuwendet und unter diesem Gesichtspunkt Sichem (vgl. **Abb. 1**) zur ungekrönten Königin Palästinas erhebt. Die Stadt liege genau zwischen Beerscheba, der südlichsten, und Dan, der nördlichsten Stadt des alten Israel. Bei Sichem stellt sich die Frage, warum diese Stadt immer nur die ungekrönte Königin blieb. Sie blieb ungekrönt, weil sie keine Königin ist. Alt hat sie auf dem Reißbrett dazu gemacht. Er hat übersehen, dass Galiläa – durch die Jesreël-

Ebene vom palästinischen Bergland getrennt – in seinen nördlichen Teilen meist enger mit dem libanesisch-syrischen Gebirge, mit Phönizien und Aram verbunden war als mit dem zentralpalästinischen Bergland. »Von Dan bis Beerscheba« bezeichnet ein weitgehend fiktives Großisrael. Fassen wir das eigentliche palästinische Bergland von Bet-Schean oder besser Dschenin (Jibleam) bis Beerscheba ins Auge, liegt Jerusalem erheblich zentraler als Sichem. Beachtet man weiter die Brückenfunktion Palästinas zwischen dem syrisch-mesopotamischen und dem ägyptischen Raum, liegt Jerusalem zwar nicht unmittelbar an der Straße, aber es liegt erheblich näher als Sichem an der neuralgischen Zone der Brücke, nämlich an der südlichen Küstenebene, dem Philisterland. Dieses Gebiet stellte für Ägypten das Tor nach Vorderasien dar, und für die vorderasiatischen Reiche das Tor nach Ägypten. Es war oft entsprechend hart umworben und umkämpft. Jerusalem lag nahe an diesem Gebiet, war aber gleichzeitig weniger exponiert als dieses. Es stellte in dem strategisch hoch empfindlichen Raum eine Art schwer anzugreifenden, neutralen Beobachtungsposten dar. Wie zentral Jerusalem im Hinblick auf die Stadtstaaten an der Südostküste des Mittelmeers lag, zeigt z.B. die Führungsrolle, die Jerusalem im Kampf gegen die assyrische Bedrohung unter Hiskija oder gegen die babylonische Oberherrschaft unter Zidkija (Jer 27,3; Ez 5,5; 26,2; Esr 4,19–22) zeitweilig eingenommen hat. Das lag nicht, mindestens nicht nur, an einzelnen Führergestalten, sondern an der zentralen Lage Jerusalems im Binnenbereich und an seiner gleichzeitigen Nähe zum sensiblen Bereich der südlichen Levante. Deshalb war Jerusalem auch unter den Perserkönigen und den Seleukiden für die ganze Region von Bedeutung.

Jerusalems Lage war binnenpolitisch verkehrsgeographisch exzellent. Es beherrschte die wohl wichtigste Ost-West-Verbindungsstraße zwischen den beiden internationalen Verkehrswegen, der Küstenstraße und der Königsstraße. Wer von Moab oder Ammon ans Mittelmeer reisen wollte, reiste am besten über Jerusalem. Südlich davon wurde eine solche Reise durch die häufig sehr steil abfallenden Ufer des Toten Meeres verunmöglicht. Jerusalem liegt ungefähr auf der Höhe seines Nord-Endes. Da war eine Ost-West-Verbindung erstmals möglich. Das Gelände von Jerusalem mit seinen 900 m ü. M. bildete zudem eine Art Sattel. Südlich und nördlich davon steigt das Gelände auf über 1000 m ü. M.

Aber nicht nur im Hinblick auf die Verbindung zwischen den beiden internationalen Verkehrswegen liegt Jerusalem binnenpalästinisch optimal. Es liegt nahe an der Wasserscheide zwischen dem Mittelmeer und dem Jordangraben. An ihr entlang lief die wichtigste und bequemste Nord-Süd-Verbindung. Sie verband die Städte Judas (Hebron, Betlehem) mit denen des mittelpalästinischen Berglandes (Schilo, Sichem, Samaria).

Weder seine internationale noch seine binnenpalästinische Lage erklären die überragende religiöse Bedeutung, die Jerusalem im Lauf der Jahrtausende gewonnen hat, aber sie macht die Position verständlich, die die Stadt im davidisch-salomonischen Herrschaftsbereich und auch später immer wieder einnahm. Wenn G. A. Smith in Anlehnung an Strabo (XVI 2,36) in seinem großen Werk über Jerusalem von 1907/1908 behauptete: »Das ganze Plateau steht allein, ohne Wasser, an der Straße zu Nirgends. Da gibt es keine der natürlichen Bedingungen einer großen Stadt«, so hat G. Dalman, einer der besten Kenner Palästinas aller Zeiten, in seinem Jerusalem Buch von 1930 mit Recht bemerkt, dass diese apodiktische Aussage der Wirklichkeit keineswegs ge-

recht wird. Allein was das Wasser anbelangt, verfügt Jerusalem mit der Gihon Quelle über eine der wichtigsten Wasserressourcen weit und breit. Die erst neulich entdeckte gigantische Befestigung dieser Quelle zeigt, wie wichtig sie den Gründervätern war.
Wenn A. Alt in seinem Aufsatz besonders das bronzezeitliche, vordavidische Jerusalem der Amarnazeit mit der Behauptung bagatellisiert, es sei »einer von den Hunderten dieser palästinischen Stadtstaaten« gewesen, ist das eine für einen so bedeutenden Gelehrten unbegreifliche Behauptung. Alt muss an die große Liste Thutmosis' III. mit ihren 350 Eintragungen gedacht haben, die aber alle möglichen topographischen Bezeichnungen und keineswegs nur die Namen von Stadtstaaten enthält. Nach einer Reihe von Autoren ist in der südlichen Levante in vorisraelitischer Zeit mit ca. 15 bis 25 Stadtstaaten zu rechnen. Für das palästinische Gebirge unbestritten sind nur Sichem und Jerusalem.
Die ganze von A. Alt abhängige Beschreibung Jerusalems in der 2. Hälfte des 2. Jahrtausends v. Chr. als äußerst desolater Angelegenheit dient einzig der Schaffung einer negativen Folie, von der sich ihre Erhebung zur Hauptstadt durch David als »das große Wunder in der Geschichte der Stadt« umso strahlender abhebt. Das große, von Alt inszenierte Wunder entspricht der romantischen Geschichtsauffassung, in welcher der geniale Einzelne die Hauptrolle spielt. Nicht irgendwelche geographischen Faktoren oder Jahrhunderte überdauernde politische Konstellationen (Stadtstaatcharakter), sondern das Genie Davids hat Jerusalem zu dem gemacht, was es ist. Die einseitige Personalisierung geschichtlichen Geschehens entspricht übrigens auch den Ansprüchen des heute grassierenden Infotainment. Alts These kommt zudem dem protestantischen, besonders lutherischen, *sola gratia*-Prinzip entgegen, nach dem die Natur verderbt und zu nichts Gutem tauglich ist, und alles Gute und Große ausschließlich durch Gnade, in diesem Falle die Erwählung Jerusalems durch JHWH, geschieht. Endlich schmeichelt sie dem israelischen Chauvinismus, wie er sich in der Ignorierung der vordavidischen Geschichte Jerusalems manifestiert. Es ist verständlich, dass sich der Glaube an das »Wunder« so lange gehalten hat und immer noch hält. Alts Sicht entspricht vielen emotionalen, religiösen und politischen Bedürfnissen, nur nicht den Tatsachen. Man kann einwenden, hier werde gegen die Protestanten Smith und Alt ein katholisches »Gnade setzt Natur voraus«-Prinzip vertreten. G. Dalman war nicht katholisch.

3. Zur Lage Jerusalems im Gelände und zu seiner Topographie

Der folgende, vielleicht etwas zu ausführliche Abschnitt beschreibt die Lage der Stadt in ihrer unmittelbaren Umgebung, was für das Verständnis der großen Züge ihrer Geschichte von geringerer Bedeutung ist als ihre Lage in der Region. In gewissen Situationen haben aber auch diese kleinräumigen Gegebenheiten eine Rolle gespielt.
Das antike Jerusalem lag am südöstlichen Ende eines nach Süd-Osten abfallenden Plateaus, das auf allen Seiten von Höhenzügen umgeben ist.
Der höchste Punkt des bronze- und eisenzeitlichen Jerusalems, die Stelle, wo heute der Felsendom steht, erreicht 743 m ü. M. Außer gegen Süd-Osten wird dieser Punkt auf allen Seiten in relativ geringer Entfernung von Höhenzügen umgeben, die ihn 60–90 m überragen.

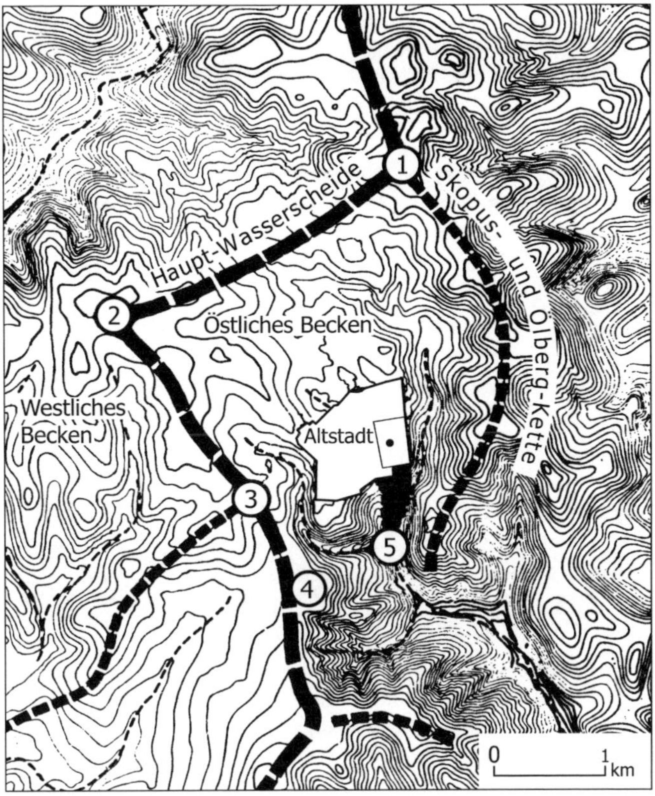

4 Die Lage Jerusalems im Verhältnis zur Wasserscheide zwischen dem Mittelmeer und dem Jordangraben und zu den Höhenzügen, die es umgeben: 1 = Givat Schapira (French Hill, Skopus, Har-ha-Zofim), 2 = Romema, 3 = YMCA, 4 = Givat Chanina, 5 = Zusammenfluss von Gehinnom-, Kidron- und Stadttal.

Das Wallfahrtslied Psalm 125 hat diesen Sachverhalt auf die knappe und treffende Formel gebracht:
»Jerusalem, Berge sind rings um es her, und JHWH ist rings um sein Volk« (V. 2).
Das Plateau, an dessen südöstlichem Ende das alte Jerusalem lag (**Abb. 4**), bildet ungefähr ein Trapez, das im Nordwesten etwa 3,5 km breit ist und sich nach Süd-Osten auf ca. 1 km verengt. An seinem südwestlichen und seinem nordöstlichen Rand wird es durch ziemlich steil abfallende Täler von jenen Höhenzügen getrennt, die seinen Horizont bilden.
Am West- und Süd-Rand ist es das Hinnomtal, am Nord- und Ostrand das Kidrontal. Zwischen beiden verläuft das heute fast ganz aufgefüllte Stadttal (früher: Tyropoion). Es trennt die Stadt in zwei Teile, den Ost- und den West-Hügel.
Die beiden Haupttäler, Hinnom- und Kidrontal, haben zusätzlich zu den Höhenzügen, die das Stadtgelände wie mit einem Wall umgeben, eine Art Festungsgraben gebildet. Dieser bestand aber nur auf der Ost-, West- und Süd-Seite. Gegen Norden, genauer Nord-Westen, gab es keinen. So versuchte man denn zu allen Zeiten das Stadtgebiet besonders auf dieser Seite durch Festungsbauten zu schützen.
Der Stadtteil westlich des Stadttals wird durch ein wenig tiefes Quertal (vgl. **Abb. 5**), das beim Jafo-Tor beginnt und sich an der Davidstraße entlang fortsetzt, in zwei

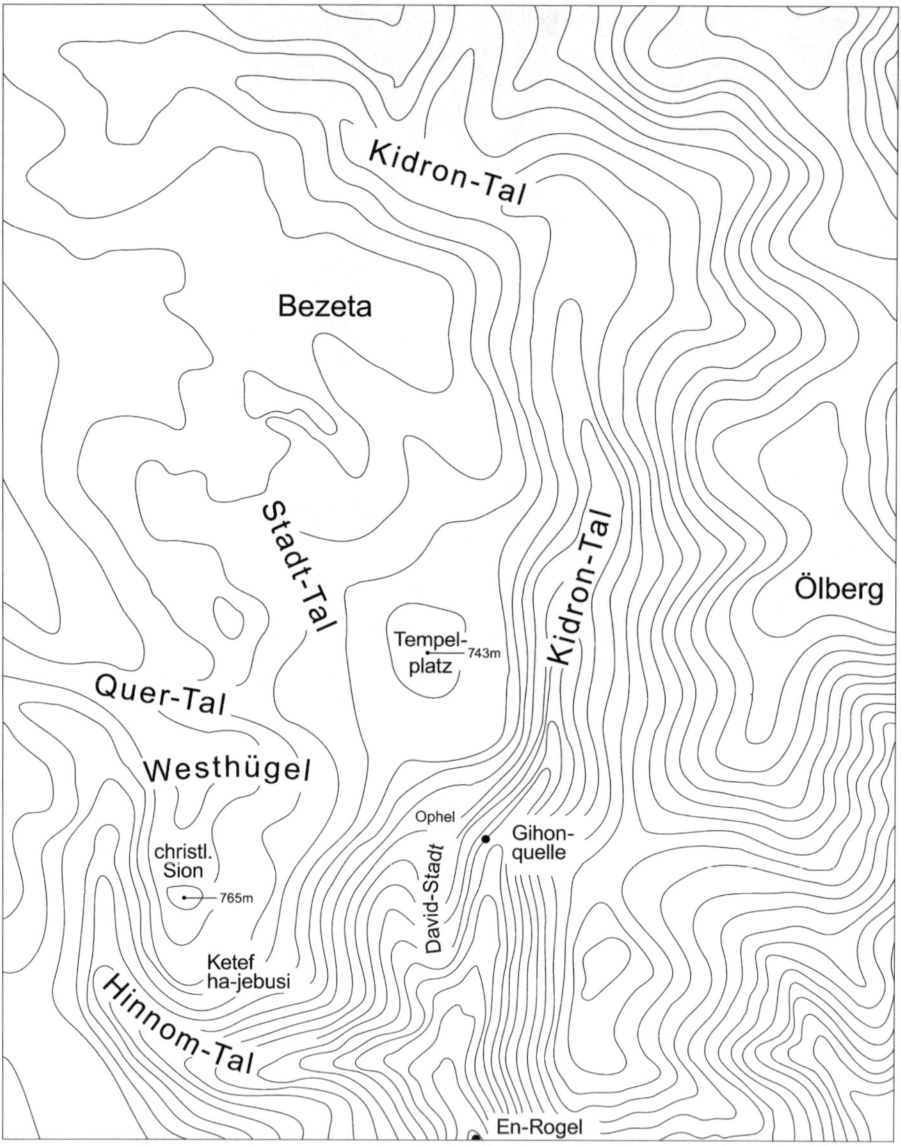

5 Die Topographie des antiken Stadtgeländes.

Teile geteilt, den Nord-West-Hügel und den Süd-West-Hügel, heute der christliche Sion.

Das älteste Jerusalem lag östlich des Stadttals auf dem Ost-Hügel. Er wird im Norden durch den Antonia- (knapp 780 m) und den Bezetahügel (762 m) begrenzt. An dieser Stelle verunmöglichte die hellenistische Baris- bzw. die römische Antonia-Burg einen leichten Zugang vom Plateau her. Die Kette setzt sich im Nord-Ost-Hügel, dem Tempelberg (Zion) mit dem Felsendom (arab. *Qubbet ez-zachra*), im Ofel und im Südost-Hügel, der Davidstadt, fort. Der Felsrücken erreicht bei ca. 625 m ü. M. den Talgrund. Der so weit nachweisbar am frühesten bewohnte Teil Jerusalems lag südlich vom Haram und dem Ofel auf dem Südost-Hügel. Der Felsrücken ist da ungefähr 220 m breit und erstreckt sich etwa 630 m bis zur Süd-Spitze. Er bedeckte ein spitzes Dreieck mit einer Fläche von ca. 20000 m^2. Dazu kamen etwa 4500 m^2 am Ost-Abhang. Das ergibt eine Gesamtfläche von ca. 2,5 ha. Diese verdoppeln sich fast auf ca. 4,5 ha, wenn man den nördlichen Teil des Ost-Hügels, den »Tempelplatz«, dazu rechnet. Der Ost-Abhang spielte wegen seiner Nähe zur Gihon-Quelle eine besondere Rolle. Er war während der ersten 1000 Jahre der Stadtgeschichte kontinuierlich besiedelt. Der Hauptgrund für die Besiedlung dieses steilen Abhangs war, wie gesagt, die Gihon-Quelle am Fuße des östlichen Abhangs der Davidstadt.
Die Gihon-Quelle ist die einzige Quelle im Stadtbereich von Jerusalem. Sie entspringt in einer Höhle, die ungefähr 10 m unter dem heutigen Bodenniveau auf 635 m ü. M. liegt. Sie ist hydrologisch nie genau untersucht worden. Sie scheint aber eine für karstische, d.h. durch Wasserauslaugungen charakterisierte Formationen typische aufgrund von Saugwirkungen funktionierende Quelle zu sein (engl. syphon-type karstic spring), denn ihr Wasser fließt pulsierend und nicht kontinuierlich. Darauf scheint schon der hebräische Name hinzudeuten, der vom Verb *giach* abgeleitet werden kann, das »hervorbrechen, hervorsprudeln« bedeutet. Die Wassermenge der Quelle ist nie über längere Zeit systematisch untersucht worden. Man vermutet, dass sie zwischen 200 und 1100 m^3 pro Tag liefert, je nach Jahreszeit und jährlicher Niederschlagsmenge. Einzelne Messungen, die zwischen 1978 und 1985 gemacht worden sind, lieferten ein Minimum von 700 m^3 im September 1979 und ein Maximum von 4750 m^3 im Februar 1983.
Nebst ihren praktischen Funktionen bekam die Gihon-Quelle einen Platz in verschiedenen königsrituellen (1Kön 1,38; vgl. Ps 110,7) und mythischen Traditionen zur Ur- (Gen 2,13) und Endzeit (Ez 47,1–12; Sach 14,8; Joël 4,18; Offb 22,1).

E. A. Knauf hat die These vertreten, das älteste Jerusalem habe nicht oberhalb der Gihon-Quelle im Bereich der so genannten Davidstadt, sondern am höchsten Punkt des Felsrückens, auf dem Tempelberg, dem Gelände des Felsendoms, der *Qubbet ez-zachra* und der el-Aqsa-Moschee gelegen. Zu diesem überraschenden Vorschlag fühlt sich Knauf durch die Feststellung gedrängt, dass das spätbronzezeitliche Jerusalem in den Amarnabriefen (s. unten) und das eisenzeitliche Jerusalem Davids auf dem Ost-Hügel in alten biblischen Texten gut bezeugt ist, auf dem Süd-Ost-Hügel aber kaum archäologische Funde aus diesen Zeitperioden gemacht worden seien. Allerdings gilt das nur für Archäologen wie I. Finkelstein, die eine low-chronology vertreten. Angesichts der literarischen Zeugnisse wäre es absurd, schlicht auf die Inexistenz

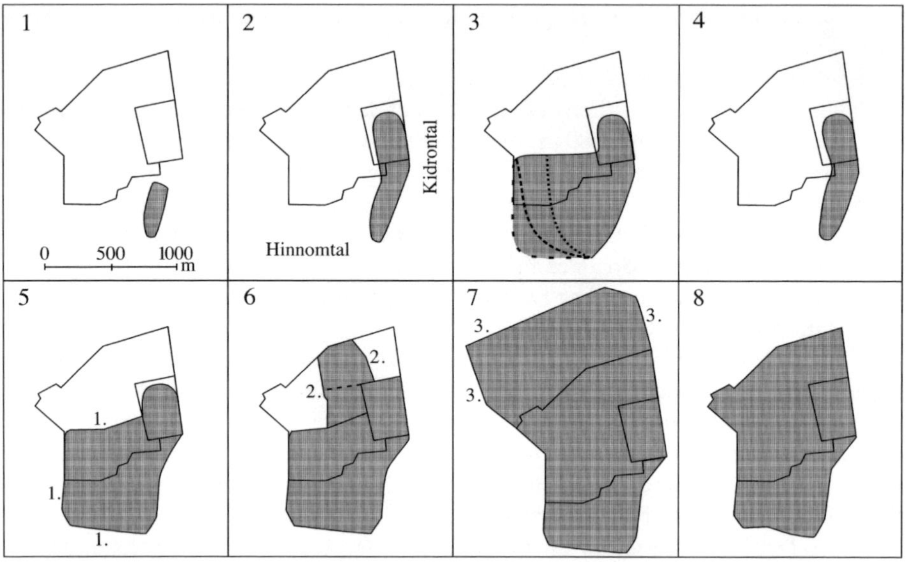

6,1–8 Das Wachsen und Schrumpfen der Stadt im Lauf der Geschichte in Relation zur Stadtmauer aus dem 16. Jh. n. Chr.: 1 Kanaanäische Zeit (ca. 1700–950 v. Chr.); 2 Königreich Juda (ca. 950–700 v. Chr.); 3 Königreich Juda (ca. 700–587 v. Chr.); 4 Persische Zeit (ca. 480–330 v. Chr.); 5 Hasmonäische Zeit (ca. 160–50 v. Chr.); 6 Zeit des Herodes (37–4 v. Chr.); 7 Frühe römische Zeit (bis 70 n. Chr.); 8 Byzantinische Zeit (ca. 330–650 n. Chr.).

Jerusalems während dieser Perioden zu schließen (Na'aman 2010). Geht man wie die Vertreter der low-chronology davon aus, dass auf dem Süd-Ost-Hügel kaum Siedlungsspuren aus dieser Zeit gefunden wurden, kann Jerusalem damals nicht auf dem Süd-Ost-Hügel, aber auch nicht weit davon entfernt existiert haben. Als nächstliegender Bereich bietet sich nach Knauf der Nord-Ost-Hügel, der Tempelberg an, auf dem keine Ausgrabungen durchgeführt werden können. Knauf glaubt, Jerusalem habe sich nicht vom Bereich der späteren Davidstadt nach Norden ausgedehnt, wie meist aufgrund von 1Kön 6–8 angenommen wird, sondern zu Zeiten besonderer Blüte, etwa während der Mittel-Bronzezeit IIB und der Eisen-Zeit IIB, vom Tempelberg aus nach Süden auf den Felsrücken des Süd-Ost-Hügels. Die Konstruktionen an dessen Ost-Hang würden so die südöstlichste Ausdehnung der Stadt markieren und nicht ihre Nord-Grenze. Ein weiteres Argument, das Knauf für seine These anführt, ist ein strategisches. Die Sicherung der Stadt gegen Norden zum Plateau hin war immer ein Problem. Wäre die Grenze des ältesten Jerusalem dort verlaufen, wo man sie heute normalerweise vermutet (**Abb. 6**,1), wäre sie nach Knauf nicht zu verteidigen gewesen; denn nördlich der oft postulierten Nord-Mauer beim Ofel steigt das Terrain bis zur el-Aqsa-Moschee über die kurze Strecke von 150 m ca. 40 m an. Eine Truppe von 100 guten Bogenschützen hätte von dieser Position aus die Verteidiger der Mauer ausschalten können. Man kann diesem Argument noch hinzufügen, dass im Palästina der vorhellenistischen Zeit Städte in der Regel auf Hügelkuppen lagen. Wasser für den Belagerungsfall verschaffte man sich mit Hilfe von Wasserreservoirs aller Art.

Bedeutende mittelbronzezeitliche Städte wie Hazor oder Megiddo hatten keinen direkten Zugang zu Quellen. I. Finkelstein hat Knaufs These vorerst abgelehnt, neulich aber stillschweigend übernommen (2010: 14 Anm. 53).
Gegen die These Knaufs bzw. Finkelsteins spricht, dass die Ausgrabungen unmittelbar südlich und westlich des Tempelplatzes keine spätbronze- und früheisenzeitlichen Spuren zutage gefördert haben. Problematisch ist auch die große Distanz zur einzigen Wasserquelle, die schon bei der Gründung der Stadt in der Mittel-Bronzezeit schwer befestigt wurde, wie die Ausgrabungen von R. Reich und E. Shukron von 1995 bis heute gezeigt haben. Vor allem aber trifft es nicht zu, dass auf dem Süd-Ost-Hügel keine Besiedlungsspuren von der Spätbronze- bis zur Eisenzeit IIA gefunden worden seien (s. unten).
Während der ersten rund 1000 Jahre, von ca. 1700 bis ca. 750 hat sich die Stadt auf den Südost-Hügel und/oder den Nord-Ost-Hügel, den Tempelberg beschränkt (**Abb. 6**,2). Erst am Ende des 8. Jh., also fast 1000 Jahre nach ihrer Gründung, hat sie sich auf den West-Hügel auszudehnen begonnen (**Abb. 6**,3). In der Perserzeit war sie wieder auf den Tempelberg und den Südost-Hügel reduziert (**Abb. 6**,4). Nicht früher als während der Hasmonäerzeit hat sich der Schwerpunkt eindeutig nach Süd-Westen verlagert (**Abb. 6**,5). In herodianischer Zeit dehnte sich die Stadt zusätzlich nach Norden aus (**Abb. 6**,6). Im 1. Jh. n. Chr. erreichte sie ihre größte Ausdehnung, indem das Siedlungsgebiet stark nach Norden erweitert wurde (**Abb. 6**,7). In byzantinischer Zeit nahm sie zusätzlich zum Raum der heutigen Altstadt, die von den Mauern Suleimans des Prächtigen aus dem 16. Jh. n. Chr. umgrenzt wird, den ganzen Bereich südlich davon ein (**Abb. 6**,8). Vom 16.–19. Jh. beschränkte sich die Stadt im Wesentlichen auf den Bereich innerhalb der osmanischen Mauern des 16. Jh. Am Ende des 19. Jh. begann sie sich erneut nach Norden und Westen hin auszudehnen. Diese »Neustadt« ist heute viel größer und wichtiger als die Altstadt innerhalb der osmanischen Mauern. Seit 1967 umgibt die israelische Verwaltung die Stadt mit einem weiträumigen Gürtel von ausgedehnten immer noch wachsenden Vorstädten und isoliert die arabische Altstadt systematisch von ihrem Hinterland.

Die Namen der Stadt

Die Stadt hat im Laufe der Zeit eine Reihe von Namen getragen. In ihnen hat sich das geschichtliche Schicksal der Stadt jeweils kristallisiert. Auch dieser Abschnitt fällt deshalb verhältnismäßig lang aus. Er bietet eine Art Vorschau auf ihre Geschichte. In Namen schlagen sich nicht das Wesen einer Sache, wie oft gesagt wird, aber bestimmte, von einer gewissen Gruppe als wichtig empfundene Erfahrungen nieder. Ein Überblick über die wechselhaften verschiedenen Namen ist so gleichsam eine Kurzgeschichte der Stadt im Spiegel der Erfahrungen, die mit ihr gemacht worden sind. Noch überraschender als die Vielzahl der sich ablösenden Namen ist die starke Kontinuität: Der am frühesten bezeugte Name, Jerusalem, ist auch heute noch – mindestens im jüdisch-christlichen Bereich – der gebräuchlichste.
Bei den Namen kann man drei Typen unterscheiden: 1. Topographisch-historisch-politische Namen, 2. poetisch-symbolische, die ursprünglich meist nur in einem einzigen Text auftreten, und 3. appellativische, bei denen eine Gattungsbezeichnung wie »Heiligtum« zum Eigennamen wird.

1. Topographisch-historisch-politische Namen: Jerusalem, Zion, Davidstadt, Jebus, Aelia Capitolina

Jerusalem
Die Etymologie des Namens Jerusalem ist nicht eindeutig zu klären. Unbestritten ist nur, dass er aus zwei Elementen (*Jeru* und *salem* bzw. *schalem*) zusammengesetzt ist. Das zweite Element des Namens ist leichter zu deuten als das erste. Die Wurzel *schlm* ist in den semitischen Sprachen früh belegt und weit verbreitet. Ihre berühmteste Ableitung im biblischen und im modernen Hebräisch ist das Substantiv *schalom* »Genügen, Ganzheit, Heil, Friede usw.«. Diese Ableitung kann jedoch für das Element *schalem* in Jeruschalem nicht in Betracht gezogen werden, da die ältesten vokalisierten Belege des Namens (akkadisch, griechisch) *schalim* bzw. *schalem* und nicht *schalom* voraussetzen. Die beliebte volkstümliche Deutung »Stadt des Friedens« ist demnach etymologisch-philologisch nicht gerechtfertigt. Allerdings scheint schon eine ganze Reihe biblischer Texte ein solches Verständnis zu suggerieren. Die von Jeremia und Ezechiel bekämpften Propheten haben aus dem Namen *Jeruschalem* offensichtlich bedingungslosen *schalom* für die Stadt abgeleitet (Jer 4,10f; Ez 13,16). Jer 29,10f verkündet den Verbannten, Gott werde sie nach Ablauf von 70 Jahren nach *Jeruschalem* zurückbringen und so seine *schalom*-Gedanken verwirklichen. Ähnlich verbinden manche Psalmen (122,6–8; 147,12–14) und eschatologisch gefärbte Texte *Jeruschalem* mit *schalom* (Jes 32,17f; Hag 2,9). Im Hebräerbrief 7,2 wird »König von Salem« als »König des Friedens« interpretiert.
Das Verbaladjektiv *schalem* bedeutet aber nicht wie *schalom* »Heil, Frieden usw.«, sondern »ganz, vollständig werden oder sein«. Mit diesem Verbaladjektiv hängt wohl auch der Gottesname Schalem oder Schalim zusammen, der in der Verbindung Schachar und Schalim die zwei Götter bezeichnet, die sich u.a. in der Mor-

ꜣwšꜣmm

<u>rušlm(m)

«Jerusalem»

Mit dem Determinativ «Fremdland, Bergland»

7 Der als »Jerusalem« gelesene Name *ꜣwšꜣmm* in den ägyptischen Ächtungstexten (ca. 1820–1760 v. Chr.) mit dem Klassifizierungszeichen »Bergland«, »Fremdland«: oben hieratisch geschrieben, so wie er auf den Originalen erscheint, unten in hieroglyphischer Umschrift (von links nach rechts zu lesen).

gen- und Abendröte, in der Morgen- und Abenddämmerung manifestieren (s. unten). Das zweite Element des Namens Jeruschalem meint also mit sehr großer Wahrscheinlichkeit den Gott Schalem. Schwieriger als die Deutung des zweiten ist die des ersten Elements *jeru* schon deshalb, weil hier die früheste Überlieferung weniger eindeutig und einheitlich ist als beim zweiten Element. Vom Hebräischen her ist *jrw* am ehesten von »werfen, (ein Fundament) legen« (vgl. Gen 31,51; Ijob 38,6) als »Gründung«, und Jeruschalem somit als »Gründung Schalems« zu verstehen. Es handelt sich um eine Bildung analog zu *Jeruel* »Gründung Els« und evtl. auch *Jerimut* »Gründung Mots«.
Als älteste Erwähnung des Namens Jerusalem gilt nach wie vor, wohl zu Recht, das *ꜣwšꜣmm* in ägyptischen Ächtungs- oder Verfluchungstexten, die wahrscheinlich aus der Zeit Amenemhets III. (1818–1772 v. Chr.) stammen (**Abb. 7**). Bei diesen Texten sind die Namen von Größen, die der pharaonischen Verwaltung potenziell gefährlich schienen, auf Keramikgefäße oder Gefangenenfiguren aus Ton geschrieben worden, die dann zertrümmert wurden, um so diese Größen magisch zu schwächen. Die Erwähnung Jerusalems in so früher Zeit stellt allerdings ein Problem dar.
Die nächst älteste Erwähnung ist die auf den Amarnatafeln (um 1360 v. Chr.). Als solche werden die Reste eines Briefarchivs der Pharaonen Amenophis III. und IV. (Echnaton) bezeichnet. 1887 wurden von einer Fellachin in Amarna, in Mittelägypten, 397 in Keilschrift beschriebene Täfelchen entdeckt, die heute in Berlin, London und Kairo verteilt und zur Hauptsache Briefe kanaanäischer Fürsten an den Pharao sind. Sechs, evtl. sieben dieser Briefe stammen von Abdi-Cheba, dem Fürsten von Jerusalem. In ihnen ist zweimal von »Jerusalem« (**Abb. 8**,1), dreimal vom »Land (von) Jerusalem« (**Abb. 8**,2), einmal von einer »Stadt des Landes Jerusalem« und einmal sogar von den »Ländern (von) Jerusalem« (**Abb. 8**,3) die Rede.
Die nächsten Belege sind die biblischen, die das vorisraelitische (Jos 10,1.3.5; Ri 1,7.21) und das von David besetzte Jerusalem erwähnen (2Sam 5,6; 8,7). »Nächste Belege« sind sie jedoch nur im Hinblick auf die erzählte Zeit. Welcher effektiv im Hinblick auf die Erzählzeit der älteste biblische Text ist, in dem Jerusalem genannt wird, ist umstritten, vielleicht 2Sam 15,8; 20,2f; 1Kön 2,36 (oder eine andere Stelle aus der Thronfolgeerzählung) oder 1Kön 14,21.25 (Annalennotizen aus der Zeit Rehabeams oder eines späteren Königs).
In außerbiblischen Quellen erscheint Jerusalem erst wieder in den Annalen des Assyrerkönigs Sanherib in Zusammenhang mit der Belagerung von 701 v. Chr. als *ur-sa-li-im-mu*.

EA 289,29 

URU *ú-ru-sa-lim* ^{KI}

«(Stadt) Jerusalem (Ort)»

Das Sumerogramm URU bedeutet „Stadt“ und könnte akkad. *ālu* «Stadt» gelesen worden sein; es wurde aber wahrscheinlich nicht mitgelesen; das Sumerogramm KI «Erde, Ort» fungiert als Determinativ nach Länder- und Ortsnamen und wurde nicht gelesen.

EA 287,25 

māt (KUR) ^{URU}*ú-ru-sa-lim*

«Land von (oder: der Stadt) Jerusalem»

Das Sumerogramm KUR «Land» wurde wahrscheinlich akkad. *mātu* gelesen (es könnte alternativ als reines Determinativ vor Ländernamen fungieren). Jerusalem wurde also als Stadtstaat mit Territorium verstanden.

EA 287,63 

mātāt (KUR.ḪI.A) ^{URU}*ú-ru-sa-lim*^{KI}

«Länder bzw. Land von (oder: der Stadt) Jerusalem (Ort)»

Obwohl der Schreiber das Sumerogramm KUR eigens in den Plural gesetzt hat, scheint es als Singular und nicht als Plural, akkad. *mātātu* gelesen worden zu sein (§ 49).

8,1–3 Verschiedene Weisen der Schreibung des Namens Jerusalem in den Amarna-Briefen (um 1360 v. Chr.).

Ungefähr gleichzeitig, jedenfalls aus der 1. Hälfte des 7. Jh. v. Chr., ist Jerusalem zum ersten Mal inschriftlich in Palästina bezeugt. Ein hebräisches Graffito in Chirbet Bet-Lej, 8 km östlich von Lachisch, nennt Jerusalem (**Abb. 9**).

Der Name ist auf die verschiedenen biblischen Bücher sehr ungleich verteilt. Im Pentateuch kommt er – von dem wahrscheinlich als Kurzform zu verstehenden *schalem* in Gen 14,18 abgesehen – nicht vor. Hingegen findet er sich häufig in 2Sam (30-mal) und 1–2Kön (90-mal) und noch häufiger in den Paralleltexten dazu, in 1–2Chr (151-mal). Für diese verstärkte Bedeutung in nachexilischer Zeit spricht auch das überaus häufige Vorkommen in Esr (48-mal) und Neh (38-mal). Jerusalem war wieder eine Art Stadtstaat. Bei den Prophetenbüchern stehen absolut Jer (102-mal) und relativ (zum geringen Umfang des Buches) Sach (39-mal) an der Spitze. In Jes konkurriert Jerusalem (49-mal) mit Zion (47-mal) und in den Psalmen erscheint Zion (38-mal) sogar viel häufiger als Jerusalem (17-mal).

יהוה אלהי כל הארץ ה/רי יהודה לאלהי ירשלם

jhwh ʾlhj kl hʾrṣ h/rj jhwdh lʾlhj jršlm

«JHWH ist der Gott der ganzen Erde. Die Berge Judas (gehören) dem Gott von Jerusalem»

9 Die älteste (zwischen 700 und 650 v. Chr.) epigraphische Bezeugung des Namens Jerusalem aus Palästina, aus Chirbet Bet-Lej; die Inschrift lautet: »JHWH ist der Gott der ganzen Erde (des ganzen Landes); die Berge Judas gehören dem Gott von Jerusalem«. Die zweizeilige Inschrift ist von rechts nach links zu lesen. »Jerusalem« ist das letzte Wort unten links.

Ans Ende des 4. Jh. v. Chr. datiert der älteste Beleg für die griechische Schreibung des Namens Jerusalem. Klearch von Soloi auf Zypern (geb. 342 v. Chr.) zitiert Aristoteles, der von den Judäern gesagt haben soll, dass ihre (Haupt)Stadt einen ganz merkwürdigen Namen habe: *Jerusaläm*. Offenbar klang er immer noch fremd, obwohl das hebräische *schalem* schon bei Aristoteles durch *saläm* griechischen Gepflogenheiten angenähert wurde. Dennoch ist hinter dieser ältesten griechischen Form das hebräische »Jeruschalem« noch klar erkennbar. Weniger ist das der Fall bei dem in der Folgezeit auftauchenden Versuch, den Namen griechischen Ohren völlig anzupassen. Er hat zu *Hierosolyma* geführt. Diese Form ist mit Sicherheit zum ersten Mal in zwei Papyri des ptolemäischen Beamten Zenon aus dem Jahre 259 v. Chr. belegt. Das griechischen Ohren fremde *jeru* ist dabei durch das griechische Wort *hieros* »heilig« ersetzt. Jerusalem wurde als Tempelstadt verstanden und der Name in Analogie zu syrischen und kleinasiatischen Tempelstädten gebildet, die sich Hierapolis »Heilige Stadt« u. ä. nannten. Weniger eindeutig als die Ersetzung des ersten ist die des zweiten Elements *saläm* durch *solyma*. Wahrscheinlich hat man *saläm* an den Namen des berühmten Berges Solyma angeglichen. Dieser liegt in einem der südlichen Vorgebirge des Taurus. Schon in der Ilias wird ein Volk der Solymoi genannt (VI 184), dessen Name vom Berg Solyma kaum zu trennen ist. Flavius Josephus hat dann das »solymische Gebirge« auf das Gebirge Juda bezogen und Juda und die Judäer so ehrenvoll in der Odyssee (V 283) und in der Ilias (I 184.204) erwähnt gesehen.

Die Kurzform Schalem in Gen 14,18 soll wohl auf Jerusalem hinweisen, ohne dieses zu nennen, da der Pentateuch den Namen Jerusalem meidet (s. unten). Gen 14 ist sehr wahrscheinlich nachexilisch.

Die im nachbiblischen Judentum und im heutigen Israel übliche Form *jeruschalajim*, die im Konsonantenbestand durch ein zusätzliches *jod* zum Ausdruck gebracht wird, findet sich in den hebräischen biblischen Schriften nur an fünf Stellen (Jer 26,18; 1Chr 3,5; 2Chr 25,1; 32,9; Est 2,6). Wie ist die Form zu verstehen? *-ajim* klingt wie eine Dual-Endung, z. B. *ʾosnajim* »(die) zwei Ohren«. Am Ende des 2., zu Beginn des 1. Jh. v. Chr., als die Form aufkam, hat Jerusalem aus zwei je vollständig ummauerten Teilen, der Unter- und der Oberstadt, bestanden. Bahja ben Ascher (um 1320 n. Chr.) hat die Form als Dual verstanden und auf das irdische und das himmlische Jerusalem gedeutet.

Zion, ein Stadtteil und eine religiös-spirituelle Bezeichnung

Die Etymologie von »Zion« ist schwierig und nicht eindeutig zu klären. Wahrscheinlich ist der Name von der Wurzel **?jj* »verdorren, vertrocknen« herzuleiten. Die Bedeutung wäre »Trockenplatz« oder ähnliches. Das hat nichts Auffallendes, da hebräische Ortsnamen oft die Eigenart des Geländes bezeichnen. So bedeutet etwa der Ortsname Jabesch auch »Trockenplatz«.

»Zion« ist im Gegensatz zu »Jerusalem« bis in die griechisch-römische Zeit außerhalb der biblischen Schriften nicht belegt. In diesen kommt Zion viel seltener vor (154-mal) als Jerusalem (667-mal). Noch stärker als »Jerusalem« ist »Zion« auf bestimmte Bücher und Textgattungen beschränkt. Der Name fehlt – wie Jerusalem – im Pentateuch. Die älteste Belegstelle dürfte 2Sam 5,7 sein (David zieht in die Festung Zion ein). Sonst ist Zion in der erzählenden Literatur extrem selten. Häufig ist Zion in Hymnen und Gebeten zu finden (Pss: 37-mal; Klgl: 15-mal), von denen eine Gruppe als Zions-Lieder *schir zijon* bezeichnet wurde (Ps 137,3). Am häufigsten ist der Name in prophetischen Texten, aber auch da wieder sehr ungleich verteilt. In Jes ist er in allen Schichten insgesamt 46-mal zu finden. In Jer ist er relativ selten (17-mal; Jerusalem 102-mal). Das Ezechielbuch meidet ihn konsequent, wahrscheinlich weil es das vorexilische Königtum ablehnt und Zion ebenso eng mit diesem (vgl. Ps 2,6) wie mit dem Tempel verbunden ist. Das Vorkommen des Begriffs ist somit weitgehend auf die Poesie und innerhalb derselben auf Hymnen, Volksklagen und einige prophetische Bücher, hauptsächlich Jes, beschränkt.

Viel häufiger als Jerusalem erscheint Zion hingegen in ehren- und liebevollen Verbindungen. 18-mal ist majestätisch vom »Berg Zion« (*har zijon*) die Rede, einmal sogar von den »Bergen Zion(s)« (Ps 133,3). 24-mal wird Zion liebevoll als »Tochter Zion« personifiziert. In 2Kön 19,21 ist dieser Ausdruck zu »Jungfrau Tochter Zion« gesteigert.

Die Aufstands-Münzen des 1. Jüd. Krieges gegen Rom (66–70 n. Chr.) tragen im 1. und 2. Jahr »Jerusalem ist heilig« oder »Jerusalem die heilige (Stadt)«. Mit der zunehmenden Dramatik des Aufstands wird »Jerusalem« durch »Zion« ersetzt. Die Münzen des zweiten und dritten Jahres des Aufstands tragen die Aufschrift *lecherut zijon* »für die Freiheit des Zion« (**Abb. 10**).

Man glaubte noch an die Befreiung durch Waffengewalt, im vierten Jahr des Aufstands, als nur noch Jerusalem von den Aufständischen gehalten wurde, setzte man die ganze Hoffnung auf eine göttliche Intervention, wie die Inschrift *ligëulat zijon* »für die Erlösung des Zion« (**Abb. 11**) andeutet.

Es ist von diesen stark emotionalen Konnotationen her nicht ganz überraschend, dass Theodor Herzls eigentlich säkulares, aber doch von Anfang an auch hoch emotionales Projekt eines Judenstaates in Palästina die Bezeichnung »Zionismus« erhielt.

Das topographische Verhältnis zwischen »Zion« und »Jerusalem« ist auf den ersten Blick nicht eindeutig. Zion steht häufig parallel zu Jerusalem und scheint so ein Synonym von Jerusalem zu sein. Andere Stellen aber legen nahe, Zion als Bezeichnung nur eines Stadt*teils* zu verstehen, so, wenn Zion parallel zum Heiligtum steht (Ps 20,3). Die Frage ist, ob »Zion« als Stadtteil von Anfang an den höchsten Punkt des Nord-Ost-Hügels, den späteren Tempelplatz, bezeichnet hat, der wahrscheinlich schon in vorisraelitischer Zeit Ort eines (Freilicht-) Heiligtums war, oder ob »Zion«

10–11 Silberschekel aus dem 2. Jahr des 1. Jüdischen Kriegs gegen Rom (66–70 n. Chr.) mit einem Weinblatt und der Aufschrift *cherut zijon* »Freiheit des Zion« und Silberschekel aus dem 4. Jahr mit dem »Becher des Heils« (Ps 116,13) und der Aufschrift *ligëulat zijon* »Für die Erlösung des Zion«.

zuerst die Festung über der Gihon-Quelle meinte. In der Regel nimmt man an, der Name »Zion« sei erst mit der Verlegung der Residenz Davids bzw. Salomos aus dem Bereich über dem Gihon in den des heutigen Tempelplatzes an den Punkt gelangt, an dem er dann 1000 Jahre lang haftete. Mit dem Untergang des davidischen Königtums bekommt in nachexilischer Zeit für »Zion« die Konnotation »Tempel«, »Ort des Namens JHWHs der Heere« (Jes 18,7) mehr Gewicht. »Zion« bringt nun die religiösen und religiös bestimmten politischen Aspekte Jerusalems zum Ausdruck, besonders soweit sie mit dem messianisch verstandenen davidischen Königtum verbunden sind. Dabei geht das Bewusstsein, dass Zion einen eigenen Stadtteil bezeichnet, nicht verloren. Nur so ist die folgende Entwicklung verständlich. Im 1. Jh. n. Chr. wird die Stadt Davids nicht mehr auf dem Süd-Ost-Hügel, sondern auf dem höheren Süd-West-Hügel gesucht. Diese Trennung und unterschiedliche Lokalisierung von Tempel und Davids Palast ist erstaunlich, da manche biblische Texte das unmittelbare Nebeneinander, wie z. B. Ez 43,8, thematisieren. Dennoch, ab dem 1. Jh. n. Chr. blieb der Name Zion bis zur Wiederentdeckung der Bedeutung des Süd-Ost-Hügels durch die Forscher und Archäologen des 19. und 20. Jh. n. Chr. fest mit dem Süd-West-Hügel verbunden. Noch in der Mitte des 19. Jh. (1841 und 1856) hat der berühmte Bibliker und Geograph Edward Robinson den Zion auf dem Süd-West-Hügel lokalisiert. Erst die Grabungen von Charles Warren auf dem Süd-Ost-Hügel in den Jahren 1867–1870, die Entdeckung der Inschrift im Schiloach-Tunnel im Jahre 1880 und ein dadurch provoziertes erneutes sorgfältiges Studium der schriftlichen Quellen haben der Einsicht immer mehr Anhänger verschafft, der biblische Zion habe im nördlichen Bereich des Ost-Hügels gelegen. Diese Auffassung ist heute unbestritten. Der Name Zion hat sich für den Süd-West-Hügel nur noch in der Form »christlicher Sion« erhalten.

Zion hat als geographische Bezeichnung immer nur einen Stadtteil bezeichnet. Wenn es als Synonym für Jerusalem, für Juda (Jer 14,19; Ps 78,68) oder Israel erscheint (Jes 46,13; Zef 3,14f; Ps 149,2), dann im Sinne eines Teils, der für das Ganze steht, den religiösen Charakter des Ganzen betont, in vorexilischer Zeit hauptsächlich im Sinne der Königsideologie, in nachexilischer im Sinne des Tempels als religiös-messianischen Zentrums.

Davidstadt, die Residenz Davids auf dem Südosthügel

»Davidstadt« (*ir dawid*) soll David die von ihm eroberte »Burg (beim) Zion« (*mezudat zijon*) genannt haben (2Sam 5,7.9). Das scheint eine alte Tradition zu sein. Der Name, der in den hebräischen biblischen Schriften 44-mal erscheint, bleibt in

1–2Kön und in Jes 22,9 am ältesten, wahrscheinlich vordavidischen Bollwerk hoch über der Gihon-Quelle haften und geht zur Zeit Salomos nicht auf die neue, weiter nördlich gelegene Residenz mit dem Tempel über. Neh 12,37 situiert die Davidstadt immer noch in der Nähe des Quelltors, das wahrscheinlich beim Gihon zu suchen ist.

Jebus, ein Clan und eine archaisierende Bezeichnung für die Stadt
Jebus ist die undurchsichtigste Bezeichnung für Jerusalem. Etymologisch kann es als »Trockenort« verstanden werden. *Jebus* hätte bei dieser Ableitung ungefähr die gleiche Bedeutung wie Zion. *Jebusi* dürfte ursprünglich einen Bewohner bzw. als Kollektiv die Bewohner dieses Ortes bezeichnet haben.
Was immer Herkunft und Bedeutung der umstrittenen Begriffe Jebus und Jebusiter sind, sie haben in der hebräischen Bibel einzig die Aufgabe, im Sinne der deuteronomisch-deuteronomistischen Geschichtsschau, das vorisraelitische Jerusalem und seine Bewohner vom israelitischen abzugrenzen.

Aelia Capitolina, Jerusalem als römische Stadt
Die durch die römische Okkupation beeinträchtigte Heiligkeit des Zion bzw. der Heiligen Stadt war wahrscheinlich der Hauptgrund für den Ersten und dann auch den Zweiten Jüdischen Krieg gegen Rom. Als nach dem Bar-Kochba-Aufstand von 132–135 n. Chr. die Römer die Stadt wieder aufbauten, nannten sie diese nach dem Kaiser Publius Aelius Hadrianus und nach dem römischen Staatsgott Iuppiter Capitolinus *Colonia Aelia Capitolina* oder kurz *Aelia*. Dies blieb ihr offizieller Name in den folgenden Jahrhunderten und war auch die übliche geographische Bezeichnung, selbst bei den arabischen Geographen.

2. Poetisch-symbolische Namen Jerusalems: Morija, Ariel, Oholiba

Die Unterscheidung von topographisch-politischen und poetisch-symbolischen Namen ist wie viele Unterteilungen durchlässig. So ist »Zion«, wie gesagt, in manchen Zusammenhängen eher als poetisch-hymnischer denn als politischer Name zu werten. Dennoch ist die Unterscheidung sinnvoll. Die eindeutig mehr poetisch-symbolischen Namen sind meistens in einem einzigen Text beheimatet. Es können hier nur einige wenige der zahlreichen Beispiele vorgestellt werden.

Morija, Ort der Bindung Isaaks
Morija kommt in den hebräischen biblischen Schriften nur zweimal vor. Mit dem Ausdruck *æræz ha-morijah* »Land von Morijah« wird in Gen 22,2 die Gegend beschrieben, wohin Abraham sich aufmachen soll, um seinen Sohn zu opfern. Die zweite Stelle ist 2Chr 3,1. Der ältere Tempelbaubericht in 1Kön 5,15–9,25 sagt – altorientalischer Tradition entsprechend – nichts über den Ort, wo der Tempel gebaut wurde. Die nachexlischen Chronikbücher wollen Salomo den Tempel an einem möglichst bedeutungsschweren Ort erbauen lassen. Sie bezeichneten den Ort genau: »In Jerusalem, auf dem Berg Morija (*behar ha-morijah*)«. Wir haben in »Morija« keinen alten Namen Jerusalems bzw. des Tempelberges vor uns, sondern eine späte Reflexion, die das Land Morija einer alten Überlieferung entnimmt und mit dem Tempel-

berg identifiziert und diesen so als Stätte der im Judentum so wichtig gewordenen »Bindung Isaaks« hinstellt. Der Text in Gen 22 suggeriert diese Identifikation nicht.

Ariel, Jerusalem als Altarherd
Ariel findet sich fünfmal in Jes 29. Das Gedicht Jes 29,1–8 ist nach Wildberger eine jener ambivalenten Aussagen Jesajas, bei denen nicht deutlich wird, ob Gericht oder Rettung im Vordergrund stehen. Es ist unbestritten, dass der mit Ariel bezeichnete Adressat Jerusalem ist. Das geht schon aus den einleitenden Versen hervor: »Wehe Ariel, Ariel, Stadt, wo David lagerte.« Am wahrscheinlichsten ist die erste Silbe des Namens von *ur* »hell sein, Licht, Feuer« zu verstehen. Die Interpretation »Gotteslicht, Gottesfeuer« kann den »Altarherd« meinen, da das dort brennende Feuer das wichtigste Element des Altarherds ist (vgl. Lev 9,24). Jerusalem wäre dann in der Drohrede von Jes 29 unter seinem kultisch religiösen Aspekt angesprochen. Dabei wird ihm angedroht, dass es selbst zu einem solchen (Brandherd) werden wird.

Oholiba, Jerusalem als JHWHs Zelt
Wie Ariel ist auch der Name Oholibah auf einen einzigen Text beschränkt: auf die Bildrede Ez 23, wo der Name sechsmal vorkommt. Der Text redet von zwei Schwestern, von denen die ältere Oholah, die jüngere Oholibah heißt. Schon in V. 4 wird in einer Glosse Oholah mit Samaria, Oholibah mit Jerusalem identifiziert. Die naheliegende Deutung von Oholibah lautet: »Mein Zelt ist in ihr«. Dabei mag an das »Zelt JHWHs« oder das »Begegnungszelt« gedacht sein. Von beiden wird gesagt, dass sie sich in Jerusalem befunden haben (1Kön 2,28–30; 8,4).

Viele weitere positiv und negativ konnotierte Namen (bis zu siebzig!) finden sich in rabbinischen Listen, zahlreiche positive in der arabischen Gattung *Fadail al-Quds*.

3. Appellativische Namen Jerusalems

Eine dritte Gruppe von Namen wird durch Appellative charakterisiert: Ein Appellativum (»Heiligtum«) oder eine Verbindung von Appellativen (»Berg des Heiligtums«, »Gottesstadt«) oder die Verbindung eines Appellativs mit einem Eigennamen (»Berg JHWHs«) konstituieren diese Bezeichnungen. Sie setzen, um eindeutig sein zu können, einen großen Bekanntheitsgrad voraus.

»Der Ort, den JHWH, dein/euer Gott erwählen wird (um dort seinen Namen wohnen zu lassen)«
Die Umschreibung ist in einer kurzen, z. B. »der Ort, den JHWH unter einem deiner Stämme erwählen wird« (Dtn 12,14) und einer langen Version überliefert. Diese erscheint ihrerseits in zwei Varianten: Die eine lautet »der Ort, den JHWH erwählen wird, um dort seinen Namen wohnen zu lassen« (Dtn 12,5). Die andere Variante ist »der Ort, den JHWH erwählen wird, um seinen Namen dorthin zu legen« (Dtn 12,21). Beide Versionen sind typisch für das Dtn und die von ihm beeinflussten biblischen Texte. Die Bedeutung der Formel meint wahrscheinlich nicht primär eine Spiritualisierung der Gegenwart JHWHs, sondern ganz konkret die Anbringung

eines Namens in schriftlicher Form an einem bestimmten Ort, wie das die akkadische Formel *schakkanu schuma* meint. Die Anbringung des Namens bedeutet Besitzanspruch, Souveränität und Ruhm.
Im Gegensatz zum Dtn identifizieren 1–2Kön die erwählte Stadt implizit (z.B. durch die Erwähnung Davids oder des Tempels) oder explizit unter Nennung des Namens Jerusalem (1Kön 11,13). Das Verschweigen des Namens der auserwählten Stadt im Dtn und generell im Pentateuch hat immer wieder befremdet und ist wiederholt diskutiert worden. Erklärungen sind, dass man einen Anachronismus vermeiden wollte, weil der fiktive Sprecher im Dtn, Mose, nichts von Jerusalem wissen konnte. Eine andere Erklärung ist, dass die Verfasser des Dtn sich nicht sicher gewesen sind, ob Jerusalem als Heiligtum nach der Zerstörung von 587 v. Chr. noch zur Verfügung stehe, und sie der Konzentration des Kults an *einem* Ort mehr Bedeutung beigemessen haben als der Fokussierung auf Jerusalem.
Überzeugender als die Ungewissheit des Schicksals Jerusalems ist eine weitere Vermutung Y. Amits, nach der zwar nicht die historiographische Sorge um Anachronismen aber die Praxis der *vaticinia ex eventu*, der nachträglichen Prophezeiung, eine Rolle gespielt habe. In diesen nachträglich zu den Ereignissen formulierten »Prophezeiungen« werden künftige Schauplätze, Personen und Vorkommnisse in der Regel nicht explizit genannt. Sie werden geheimnisvoll umschrieben, um ihnen die Würde von Ereignissen zu geben, die Gott, lange bevor sie eingetreten sind, geplant und vorbereitet hat. Jerusalem wird im Pentateuch, besonders im Dtn, zwar nicht ausdrücklich genannt, gleichzeitig aber durch die enigmatische Formulierung als »auserwählte Stadt« schlechthin hervorgehoben. Immerhin ist aber auch zu bedenken, dass das Dtn weiß, dass der Garizim ein Ort des Segens war (Dtn 11,29; 27,12; vgl. auch Jos 8,33), bevor David Jerusalem zu seiner Residenz machte, und dass er Salomos Kult auf der Höhe von Gibeon entschuldigt, weil es damals noch keinen JHWH-Tempel in Jerusalem gab (1Kön 3,1–5). Historiographische Rücksichten können nebst den genannten bei der offenen Formulierung »Ort, den JHWH erwählen wird« also durchaus auch eine Rolle gespielt haben.

Heiliger Berg, Berg des Heiligtums, Berg JHWHs, Berg des Hauses JHWHs
Die Bezeichnung *har ha-qodæsch* kann sowohl »der heilige Berg« wie »der Berg des Heiligtums« und *har-qodschi* kann sowohl »*mein* heiliger Berg« wie »der Berg meines Heiligtums« bedeuten. Alle Bezeichnungen mit Berg meinen eigentlich den Berg Zion (*har zijon*; Ps 48,3; 74,2) als Tempelberg und nur im Sinne einer Pars pro Toto ganz Jerusalem. In Ps 48,3 wird dieser Berg mit dem »Zafon« (Norden, Nordberg), dem Götterberg von Ugarit, gleichgesetzt.
Einige wenige Stellen, in denen Gott von »meinem heiligen Berg« bzw. »dem Berg meines Heiligtums« (Ps 2,6) und der Beter von »seinem heiligen Berg« bzw. »dem Berg seines Heiligtums« (Ps 3,5) spricht, können vorexilisch sein. Die allermeisten sind nachexilisch.
Har ælohim »Berg Gottes« bezeichnet verschiedene heilige Berge, vor allem den Sinai (vgl. etwa Ex 4,27), aber *nie* den Zion. JHWH blieb ein Gott, der aus der Peripherie ins städtische Zentrum gekommen war. JHWH blieb ein Gott der Berge und Berggipfel (1Kön 20,23.28). Diese Charakterisierung wird auch dort aufrechterhalten, wo JHWH in den Pss als Zuflucht metaphorisch als »Fels« oder »Bergfeste« u. ä. beschrie-

ben wird. *De facto* suchte man in Palästina viel häufiger in Höhlen und Felsspalten Schutz (Ri 6,2; 1Sam 13,6), wie die berühmten Funde aus der Wüste Juda zeigen. Vorstellungsmäßig aber fand man in der Höhe Schutz, denn JHWH war ein stark uranisch geprägter Gott, dem man auf Bergen und Berggipfeln am nächsten war. Mit der Tiefe der Erde als Mutterschoß oder als Ort der Toten hatte JHWH von Haus aus nichts zu tun, wenn ihm diese Bereiche auch nicht entzogen waren (Ps 139). Erst im Christentum mit seinen Affinitäten zu den Mysterienreligionen spielen Höhlen als sakrale Orte eine positive Rolle.

Stadt JHWHs, Stadt Gottes, Stadt des Heiligtums, Heilige Stadt
In den Städten der mediterranen Welt, deren kontinuierliche Geschichte nicht über das 4. Jt. v.Chr. zurückreichen dürfte (Uruk), bildete in der Regel ein Heiligtum das Zentrum. Das hat sich erst in der Moderne geändert. JHWH, der von Haus aus ein Berggott aus der Peripherie gewesen sein dürfte (s. unten), wurde erst zögerlich und spät dezidiert und unzweideutig mit einer Stadt in Beziehung gesetzt. In dem wahrscheinlich noch vorexilischen Ps 101 (V. 8) wird Jerusalem anscheinend zum ersten Mal als Stadt JHWHs (*ir JHWH*; vgl. Jes 60,14), in dem wahrscheinlich ebenfalls vorexilischen Zionslied Ps 48 (der Ps wird in Klgl 2,15 zitiert) als »Stadt unseres Gottes« bezeichnet. In den eher nachexilischen Zions-Pss finden wir die Bezeichnung »Stadt Gottes« (Ps 46,5; 87,3). Die Stadt gehört zwar Gott, aber Gott gehört seinerseits nicht zur Stadt, wie andere Stadtgottheiten zu ihren Städten gehören. Einzig im Graffito von Bet-Lej (vgl. **Abb. 9**) und in 2Chr 32,19 wird JHWH als »der Gott von Jerusalem« bezeichnet. In 2Chr 32,19 wird erzählt, die Abgesandten Sanheribs hätten vom »Gott Jerusalems« wie von den Göttern der anderen Völker geredet, »die nur ein Werk von Menschenhand sind«.
In den enthusiastischen, aus Distanz zur realen, 587/586 samt ihrem Heiligtum zerstörten Stadt gesprochenen Reden Deuterojesajas wird Jerusalem zum ersten Mal als *ir ha-qodæsch*, als »Stadt des Heiligtums«, »Stadt der Heiligkeit« oder »heilige Stadt« angesprochen (Jes 48,2; 52,1). Die Übersetzung des Alten Testaments ins Griechische gibt den Ausdruck regelmäßig mit *hä hagia polis* »die heilige Stadt« wieder. Das Element »Heiligkeit«, »Heiligtum« hat dann vor allem in die arabischen Bezeichnungen Jerusalems Eingang gefunden. In der ersten Zeit des Islam war der vollständige Name Jerusalems *Ilija madinat bajt al-maqdis* »Aelia, die Stadt des Heiligtums«. *bajt al-maqdis* geht auf das aramäische *bet maqdescha* »Heiligtum« zurück. Der vollständige Name wurde im Alltag zu *Ilija* oder *bajt al-maqdis* verkürzt. Letzteres konnte durch das arabische *al-charam* »Heiliger Bezirk« ersetzt werden. Erst im 10. Jh. n.Chr. taucht der bis heute im Arabischen und im Islam beliebteste Name für Jerusalem auf: *al-Quds*. Er geht auf das aramäische *qudscha* bzw. das hebräische *qodæsch* zurück und meint nicht so sehr »Heiligkeit« als »Heiligtum«.
Ob Jerusalem als heiliger Berg oder heilige Stadt bezeichnet wurde, in beiden Fällen hatte die Heiligkeit ihren Grund im Heiligtum, das da stand.

Die Geschichte Jerusalems

1. Eine starke kanaanäische Stadt der Mittelbronzezeit IIB (ca. 1700–1500 v. Chr.)

Die Geschichte Jerusalems als Stadt begann nicht ca. 1000 v. Chr. mit David, wie dies das 1995/1996 von der israelischen Stadtverwaltung inszenierte Jubiläum »3000 Jahre Jerusalem« suggerierte, sondern spätestens in der Mittel-Bronzezeit IIB um ca. 1700 v. Chr., also vor rund 3700 Jahren. Unter starken Einflüssen von Nordsyrien her setzte in Palästina nach einer Jahrhunderte langen Phase fehlender urbaner Zentren eine intensive Urbanisierungsphase ein. Bald wurden die nordsyrischen Anstöße durch intensive Impulse aus Ägypten verstärkt. Sie führten zur Gründung einer Reihe von Städten, die seither wie Hebron oder Sichem/Nablus ununterbrochen besiedelt blieben. Zu diesen Städten gehört auch Jerusalem.

Aus dieser Zeit sind dort Reste mächtiger Befestigungsanlagen erhalten, die in größerem und stratigraphisch gesichertem Umfang zuerst von Kathleen Kenyon (1961–1967), Yigal Shiloh (1978–1985) und zuletzt von Ronny Reich und Elie Shukron (seit 1995) zutage gefördert wurden und werden. Völlig unerwartet tauchte bei den letztgenannten Ausgrabungen eine mächtige Befestigungsanlage um die Gihon-Quelle auf. Noch zwei Jahre zuvor, 1993, hatte G. J. Wightman in einem Buch über die Mauern Jerusalems behauptet, die Gihon-Quelle sei nie befestigt gewesen. Nun zeigte sich, dass bereits bei der Gründung der Stadt eine Befestigungsmauer den Zugang zum Wasser sicherte (**Abb. 12**).

Deren Blöcke waren von einer Größe, die, soweit wir wissen, erst 1700 Jahre später beim herodianischen Tempelbau mit seinen gigantischen Quadern übertroffen werden sollte. Die Stadt dürfte damals eine Bevölkerung von ca. 1800 Personen gehabt haben. Das ist nicht viel, aber in einer Zone mit Siedlungen, die durchschnittlich zehn Mal kleiner waren, stellte sie – gut organisiert – einen bedeutenden Machtfaktor dar. Die gute Organisation garantierte ein Stadtfürst (**Abb. 13**,1–6).

Mehrere von ihnen werden in den ägyptischen Ächtungstexten (s. oben) namentlich erwähnt. Jerusalem hatte damals Teil an der eindrücklichen kanaanäischen Zivilisation Palästinas. Den hohen Standard bezeugen eine sehr schöne, feine Keramik und handwerklich erstklassige Bronzewaffen. Selbst Elemente einer Schrift sind vorhanden. Diese materielle Blüte erlaubte Kräften der Region von 1650–1550 v. Chr. an der Beherrschung großer Teile Ägyptens mitzuwirken und dies zum einzigen Mal in ihrer Geschichte. In den letzten Jahren ist zunehmend deutlich geworden, dass die berühmten, in Ägypten eingesickerten »Herrscher der Fremdländer«, die so genannten Hyksos, nicht aus irgendwelchen Gebieten des fernen Nordens und auch nicht aus Byblos an der libanesischen Küste, sondern aus Kanaan-Palästina stammten (vgl. z. B. Ben-Tor 2007). Mit diesem mindestens anfänglich keineswegs als feindlich konzipierten Eindringen war eine große Bewunderung für die ägyptische Kultur verbunden (vgl. die ägyptischen Elemente auf **Abb. 13**,1–6). Sie wird durch zahlreiche, weitestgehend lokal hergestellte Siegelamulette dokumentiert, die so genannten

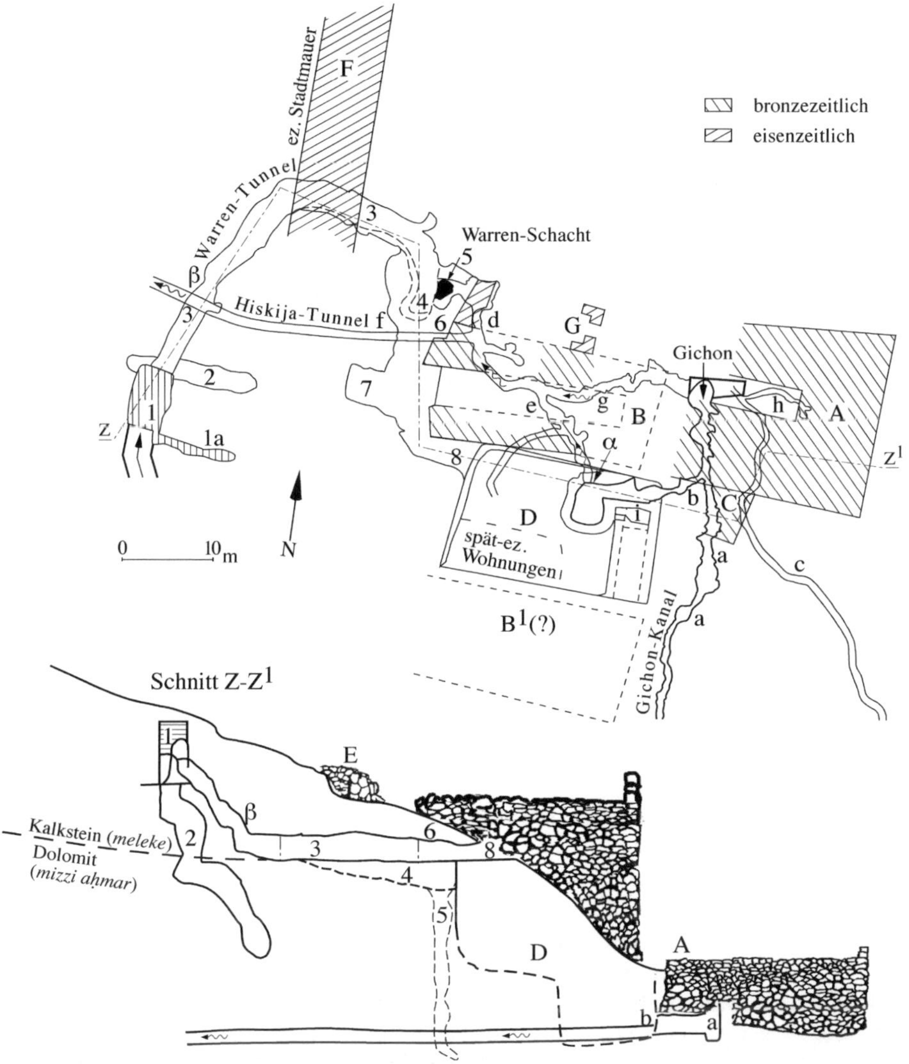

12 Die Wassernutzungssysteme in der Mittelbronzezeit IIB (ca. 1700–1500 v. Chr.) und der Eisenzeit IIB (ca. 840–700 v. Chr.), Grundriss (oben) und Schnitt (unten):
Warren-Tunnel: 1 = Eingang zum mittelbronzezeitlichen Tunnel zur Gihon-Quelle; 1a und 2 = Versuchsstollen bzw. Blindgang; 3 = fast waagrechter Tunnel im Kalkstein; 4 = eisenzeitlicher Absenkungsversuch; 5 = der bei diesem Absenkungsversuch entdeckte Karst-Schacht = Warren-Schacht; 6 = Ausgang des mittelbronzezeitlichen Tunnels in einer ehemaligen Wohnhöhle; 7 = Versuchsstollen/Blindgang; 8 = Ausgang des mittelbronzezeitlichen Tunnels über dem Speicherbecken D; b = Treffpunkt der Bohrtrupps.
Befestigungs- und Wasseranlagen: A = Quellturm über der Gihon-Quelle; B = Beckenturm (B1 = evtl. südlicher Beckenturm), C = Teil einer östlichen Abschlussmauer; D = großes Speicherbecken; E = mittelbronzezeitliche Stadtmauer (= Kenyon: NB); F = eisenzeitliche Stadtmauer; a = mittelbronzezeitlicher Gihon-Kanal; b = Tunnel zum Speicherbecken; c = Bewässerungskanal; h = karstiger Blindschacht.

13,1–6 Kanaanäische Stadtkönige der Mittelbronze-Zeit IIB (ca. 1700–1550 v. Chr.) auf Skarabäen aus Palästina. Sie tragen eine Tracht, die von Nordsyrien übernommen ist (vgl. **Abb. 16**) und in einer hohen Kopfbedeckung (nur auf **13**,1) und einem Kleid besteht, das eine Schulter freilässt und mit breiten Säumen (Wulstsaummantel) geschmückt ist. Sie sind von ägyptischen Hieroglyphen als Schutz- und Glückszeichen umgeben; jener von **13**,5 thront, jener von **13**,6 steht zusammen mit einem Diener/Verehrer auf einem Podest.

Hyksos-Skarabäen, die auch in Jerusalem gefunden worden sind und in laufenden Grabungen immer wieder zu Tage treten.

Diese Siegel-Amulett-Funde bezeugen die Teilhabe Jerusalems an der für Ägypten typischen Dominanz des Himmels- und Sonnengottes (**Abb. 14**,1–5). Schon die Form des Skarabäus ist ein Symbol der Morgensonne (*chepri*). Es vergegenwärtigt ihre regenerative, Leben schaffende Kraft. Auf der Basis der Käfer finden sich zusätzliche Sonnenmotive, so häufig nochmals der Skarabäus, dann die geflügelte Sonnenscheibe, zwei Udschataugen als Augen des Himmelsgottes, zwei Horusfalken und Glückszeichen wie das Henkelkreuz, das bis heute populäre »Lebenszeichen«. Das vom Sonnenkult dominierte ägyptische Symbolsystem dürfte in Jerusalem auf fruchtbaren Boden gefallen sein. Der Name »Gründung Schalems« (s. oben und unten) verweist auf ein offensichtlich von Anfang an mit der Stadt verbundenes Element des Sonnenkults, da Schalem ja »Abendrot« oder »Abenddämmerung« bedeutet. Daneben hatte das mittelbronzezeitliche Jerusalem gleichermaßen Teil am einheimischen, typisch kanaanäischen Kult des Wettergottes und der Zweiggöttin, wie weitere Siegel-Amulett-Funde demonstrieren (**Abb. 15**,1–2).

Das Verhältnis zwischen Wettergott und Göttin illustriert sehr schön ein altsyrisches Rollsiegel (**Abb. 16**).

Hämatitsiegel dieses Typs mit einer ähnlichen Ikonographie sind auch in Israel/Palästina gefunden worden. Die große Bedeutung der herbstlichen Begegnung der

14,1–5 Typische lokal produzierte Skarabäen aus Jerusalem und seiner unmittelbaren Umgebung (ca. 1650–1550 v. Chr.) mit zahlreichen ägyptischen Sonnensymbolen, wie dem Skarabäus (**14**,2), der geflügelten Sonnescheibe (**14**,1.3 und 4), den zwei Udschataugen (**14**,1 und 3) und zwei Falken (**14**,4 und 5).

15,1–2 1 Ovale Platte vom »Jebusite Burial Place« bei »Dominus flevit« am Ölberg mit dem triumphierenden Wettergott; 2 Skarabäus mit nackter Göttin und Zweig aus einem späteisenzeitlichen Grab an der Mamillastraße in Jerusalem (beide ca. 1650–1550 v. Chr.).

16 Ein nordsyrisches Rollsiegel aus der Zeit um 1750 v. Chr. zeigt den Wettergott, der über die Berge schreitet; die Göttin der Vegetation bietet sich ihm an, indem sie ihr Kleid zur Seite schiebt; die Taube, die von ihr zu ihm fliegt, signalisiert ihre Liebesbereitschaft; der Götterhochzeit assistiert links der Stadtfürst (vgl. **Abb. 13**,1–6), rechts feiern weitere Verehrer mit.

beiden Gottheiten für die Fruchtbarkeit des Landes bezeugt die Anwesenheit des Stadtfürsten (vgl. **Abb.** 13,1–6) links außen und die von Verehrern und Verehrerinnen rechts außen. Die erotischen Aspekte der Begegnung und der Riten, die sie begleiten, sind noch rund 1000 Jahre später vom Propheten Hosea als »Hurerei« gebrandmarkt worden. In einer Region, deren ökonomische Basis die vom Regen abhängige Landwirtschaft war, konnte der Kult des Wettergottes nicht ignoriert werden. Texte wie Hosea 2, Ps 29 und 65 übertragen seine Funktionen auf JHWH. Die wichtigsten in der Hebräischen Bibel genannten Feste sind Erntedankfeste, besonders das große Herbstfest, das Laubhüttenfest, aber auch Ostern, das Fest der ungesäuerten Brote (Mazzot) und das Pfingstfest, das Wochenfest (Schawuot). Es waren ursprünglich Feste, die das landwirtschaftliche Jahr strukturierten und bis in die Anfänge Jerusalems zurückreichen dürften.

2. Eine Stadt unter ägyptischer Oberhoheit – die Spätbronzezeit (ca. 1500–1070 v. Chr.)

Um 1550 v. Chr. begannen die Begründer der 18. Dynastie von Oberägypten her die kanaanäischen Fürsten, die Hyksos, aus Ägypten zu vertreiben. Nachdem das gelungen war, begann die sukzessive Eroberung Palästinas durch die Pharaonen der 18. Dynastie. Besiegelt wurde diese Eroberung durch den Sieg Thutmosis' III. 1457 v. Chr. über eine Koalition kanaanäischer Fürsten bei Megiddo. Archäologisch wird diese Zeit der ägyptischen Besatzung als *Spätbronzezeit* bezeichnet. In Jerusalem scheint der Übergang ohne größere Erschütterung stattgefunden zu haben, wie u. a. die kontinuierliche Belegung des großen Grabes bei »Dominus flevit« am Ölberg zeigt. Skarabäen mit den Thronnamen der Pharaonen der 18. Dyn. mit ihrer ägyptischen Sonnengott-König-Theologie sind in Palästina/Israel zu Hunderten gefunden worden. Sie tauchen auch in Jerusalem und seiner nächsten Umgebung auf (**Abb.** 17,1–6).
In Jerusalem selbst gibt es aus der Spätbronzezeit bis jetzt nur geringe archäologische Spuren (s. oben unter LAGE). Keramikfunde aus Gräbern weisen auf weiträumige Beziehungen hin, nach Zypern und bis in den mykenischen Raum.
Die sechs oder evtl. sieben in Keilschrift verfassten Briefe des Jerusalemer Stadtfürsten Abdi-Cheba, die im ägyptischen Amarna gefunden worden sind (s. oben unter NAME), zeigen aber, dass Jerusalem um 1360 v. Chr. ein Stadtkönigtum war, das einen Hof, eine Verwaltung mit einem Schreiber und militärische Einheiten besaß. Die sechs bis sieben zufällig in Ägypten gefundenen Briefe müssen als Spitze eines Eisbergs gesehen werden. Der Schreiber, der die Briefe schrieb, hat Zeit seines Lebens wohl Hunderte und Aberhunderte von Dokumenten verfasst, die allesamt verloren sind. Von seiner Behausung, von der des Stadtfürsten und denen seiner Soldaten samt deren Waffen usw. ist bis heute nichts zutage gekommen. Weiter ist anzunehmen, dass Abdi-Cheba nicht der erste und nicht der letzte Stadtfürst von Jerusalem war, auch wenn von den andern zufällig keine Briefe erhalten sind. Angesichts dieser Lücke wurde gelegentlich bezweifelt, dass die sieben Briefe überhaupt aus dem archäologisch so schwach bezeugten Jerusalem stammten, und man hat einen, allerdings nicht bezeugten, zweiten Ort des Namens Jerusalem in der Nähe von Tyrus postuliert. Diesem Postulat steht unter anderem eine neulich durchgeführte minera-

17,1–6 Zwei zeitgenössische Skarabäen mit dem Thronnamen Thutmosis' III. (1479–1426 v. Chr.), einer vom »Jebusite Burial Place« am Ölberg, der andere von Gibeon nordwestlich von Jerusalem; auf **17,1** trägt er den Beinamen »Herrscher von Theben«, auf dem anderen »Vollkommener Gott, Herr der beiden Länder«; der Sphinx veranschaulicht die Löwenkraft des Herrschers. **17,3** zeigt den ersten in der »Davidstadt« gefundenen Skarabäus Amenophis' III. (1390–1353 v. Chr.); er trägt den Beinamen »der in Theben (ist)«. **17,4–6** zeigen ebenfalls zeitgenössische Skarabäen dieses Pharaos und zwar aus Manachat bei Jerusalem, aus Ekron und aus Lachisch. Auf **17,4**, dem aus Manachat, ist der Name von vier Uräen und vier Sonnenscheiben umgeben; auf **17,5**, dem von Ekron, trägt der Pharao den Beinamen: »Vollkommener Gott, Herr der beiden Länder« (rechts) und »Der in jedem Fremdland (wie die Sonne) aufgeht« (links); auf **17,6**, dem aus Lachisch, steht neben dem Namen das Epithet »Bild der Sonne«.

logische Untersuchung entgegen, die für mindestens sechs der sieben Briefe einen für Jerusalem und Umgebung typischen Ton ergeben hat. Im Winter 2009/2010 ist zudem bei einer Nachgrabung auf dem Ophel (vgl. **Abb. 5**) ein 2,8 × 2 cm kleines Stück eines Keilschrift-Täfelchens vom Typ der Amarnabriefe gefunden worden (**Abb. 18**). Man muss sich definitiv damit abfinden, dass für das so oft zerstörte und bis auf den gewachsenen Felsen abgeräumte Jerusalem das (vorläufige) Fehlen archäologischer Reste keine für diese Zeit fehlende Besiedlung beweist (Na'aman 2010: 167–169).
Das amarnazeitliche Jerusalem dürfte ein Territorium kontrolliert haben, das ungefähr 1600 km² umfasste (Durchschnittsgröße eines Schweizer Kantons). Es reichte im Süd-Westen bis Keïla und im Nord-Westen bis Ajjalon.
Wie die kanaanäischen Stadtfürsten dieser Zeit wurde auch der von Jerusalem vom Pharao in seine Regentschaft eingesetzt oder wenigstens darin bestätigt. Als Vasall des Pharao mußte er dazu beitragen, dessen Oberherrschaft im Land aufrechtzuerhalten. Er hatte, wenn nötig, die Truppen des Pharao zu verpflegen und dem Pharao regelmäßig Geschenke, eine Form von Abgaben, zu senden. Er stand in ständigem Kontakt mit der ägyptischen Oberherrschaft. Bei dieser beklagt sich Abdi-Cheba von Je-

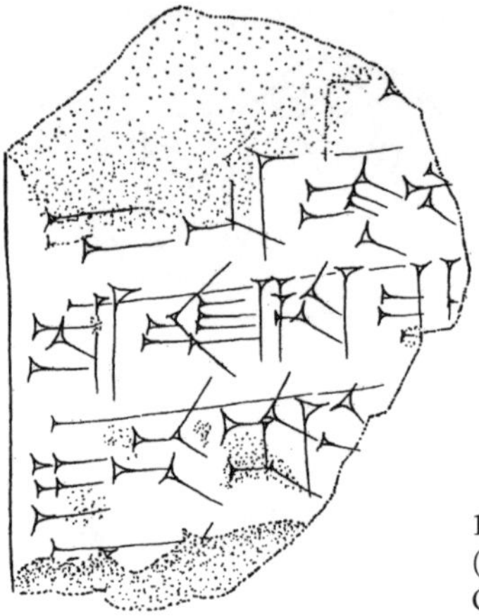

18 Bruchstück eines Tontäfelchens mit Keilschriftzeichen (um 1350 v. Chr.) vom Typ der Amarna-Briefe, das auf dem Ophel etwas nördlich der »Davidstadt«gefunden worden ist.

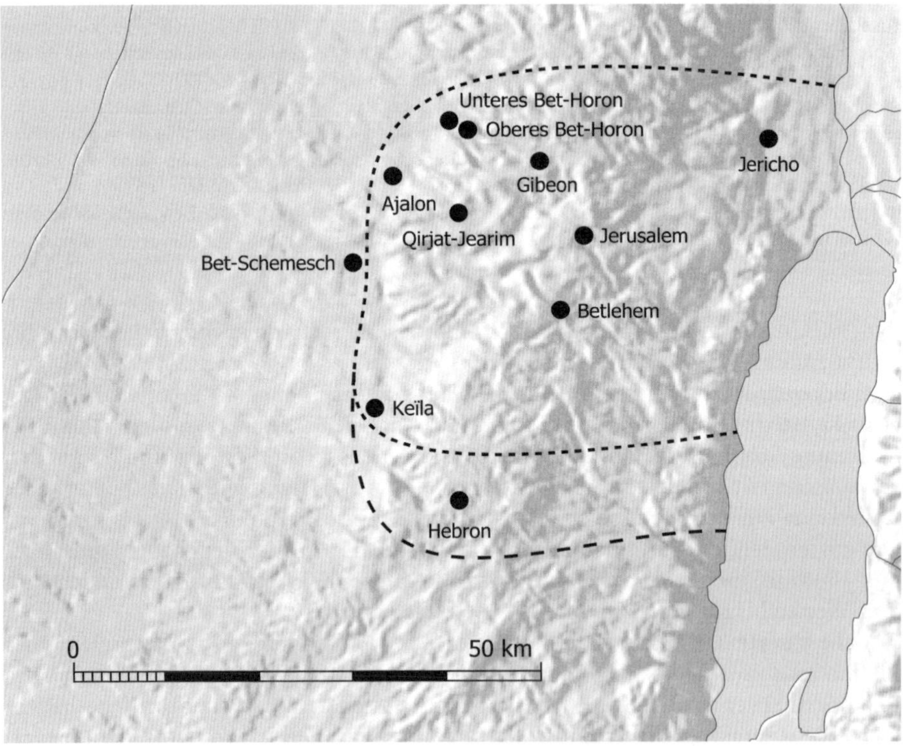

19 Das ungefähre Territorium, das vom amarnazeitlichen Stadtstaat Jerusalem aus kontrolliert worden sein dürfte; unklar ist, ob das Territorium Hebron eingeschlossen hat oder nicht.

rusalem, wie übrigens auch die anderen Stadtfürsten, dass nomadische Elemente, die Hapiru, die Oberherrschaft des Pharao bedrohten, dass die anderen Stadtfürsten mit ihnen gemeinsame Sache machten und er, Abdi-Cheba, der einzige sei, der wirklich die Interessen des Pharao vertrete. Nebst den dominierenden Beziehungen zu Ägypten lassen sich, z.B. im Dialekt, den der Schreiber der Jerusalemer Amarna-Tafeln benützt, oder in der Gestalt der Göttin Cheba (der Name des Stadtfürsten, Abdi-Cheba, bedeutet »Diener der Cheba«) Beziehungen nach Nordsyrien und Süd-Ost-Anatolien feststellen. Der Brückencharakter der Gegend bestätigt sich in den Jerusalemer Amarna-Briefen zudem dadurch, dass sich in ihnen Elemente nicht nur der ägyptischen, sondern auch der hetitischen Königsideologie finden.

Wie jede bronzezeitliche kanaanäische Stadt muss Jerusalem eines oder mehrere Heiligtümer besessen haben. Der Name Jerusalem »Gründung Schalems« suggeriert, dass dazu ein Heiligtum für den Kult einer Sonnengottheit gehörte. Auf kanaanäische Sonnenkulte in der Gegend von Jerusalem verweisen Namen wie Bet-Schemesch »Haus, Tempel des Sonnengottes« und En-Schemesch »Quelle des Sonnengottes«. Der autochthone Sonnenkult konnte als Kristallisationspunkt ägyptischer und hetitischer Sonnenkulte dienen. Der zu Schalem (Abendröte) gehörige Gott Schachar (Morgenröte) wird im archaischen Königspsalm 110 im Vers 3 erwähnt. In einem Text aus dem 14./13. Jh. v.Chr. aus der nordsyrischen Küstenstadt Ugarit wird sehr drastisch die Zeugung und Geburt der Zwillingsgottheiten Schachar und Schalem geschildert. Der Mutterschoß (*rechem*), der sie hervorbringt, ist jener der Göttin Aschirat/Aschera, einer Göttin, die 500 Jahre später häufig als wichtigste weibliche Gottheit in Jerusalem und Juda erscheint (s. unten). Die durch den Namen Abdi-Cheba, des Stadtfürsten von Jerusalem, bezeugte Göttin Cheba ist eine hurritisch-hetitische Göttin vom Typ der Aschirat/Aschera. Ihr Name dürfte im biblischen Chawwa (Eva) weiter leben, die in Gen 3,20 nicht nur »Mutter aller Menschen«, sondern »Mutter alles Lebendigen« genannt wird, ein Titel, der selbst für die Ahnfrau schlechthin etwas zu hoch greift. Er passt besser zu einer Göttin als zu einer menschlichen Ahnfrau. Ein westlich von Jerusalem mehrfach belegter Typ von Tonfigur aus dem 14./13. Jh. v.Chr. könnte Aschera oder Cheba als Mutter alles Lebendigen darstellen (**Abb. 20**).
Nebst dem Kult einer Sonnen- und einer Muttergottheit scheint der Kult des Wettergottes weiter bestanden zu haben. Er dürfte sich aber unter ägyptischem Einfluss und unter dem der vielen Kämpfe dieser und der folgenden Periode von einem Wetter- und Fruchtbarkeitsgott zu einem Kampf- und Sturmgott gewandelt haben. Die Ägypter haben den kanaanäischen Wetter- und Fruchtbarkeitsgott Baal mit ihrem Gott Seth, einer eher unheimlichen Gestalt, identifiziert. Der so entstandene Gott Baal-Seth war im 11./10. Jh. v.Chr. in Jerusalem bekannt, wie neue und neueste Funde zeigen (vgl. **Abb. 26–27**).
Jerusalem hatte demnach seiner Lage entsprechend an den beiden Kulten Anteil, die in den umfangreichen Dokumenten zum ewigen Frieden, den der ägyptische König Ramses II. und der hetitische König Chattuschili III. 1268 v.Chr. schlossen, immer wieder genannt werden. Es sind dies die Hauptkulte des damaligen Nahen Ostens, der Kult des vorderasiatischen Wettergottes und der Kult des ägyptischen Sonnengottes. Immer wieder werden in diesen Dokumenten die Garanten des Vertrags zusam-

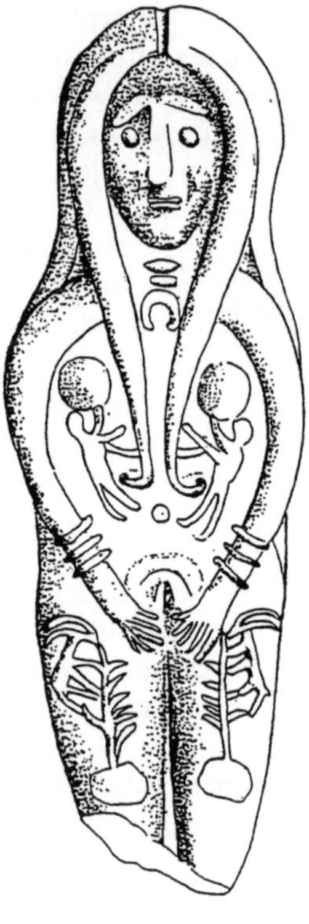

20 Aus einem Model hergestellte Terrakottafigur, von der fragmentarische Belege in Afek, in Revadim und auf Tel Harasim (letzterer in der Schefela westlich von Jerusalem) gefunden worden sind (um 1300 v. Chr.). Sie zeigt wahrscheinlich eine Göttin, die zwei Kinder säugt. Die weit geöffnete Scham und die Bäumchen mit den Capriden, die sie flankieren, betonen ihre Gebärkraft und Fruchtbarkeit.

mengefasst als der Sonnengott Ägyptens mit den 1000 Gottheiten Ägyptens und der Wettergott des Hetiterlandes mit den 1000 Gottheiten Hattis. Beide Kulte hatten in ihrem jeweiligen Geltungsbereich die Tendenz, ihren Gott nicht nur als höchsten, sondern als einzigen zu preisen.

3. Jerusalem und die israelitischen Stämme – die Eisenzeit I (ca. 1150–980 v. Chr.)

Die Ankunft der Seevölker, u. a. der Philister, von Norden und Westen her beschleunigte den Niedergang der ägyptischen Oberhoheit und der spätbronzezeitlichen Stadtkultur zwischen 1250 und 1150 v. Chr. Dank seiner Distanz zur primär umstrittenen Region scheint Jerusalem diesen Niedergang aber weitgehend unbeschadet überstanden zu haben. Ans Ende der Spätbronzezeit oder in die *Eisenzeit I* (1150–980 v. Chr.) sind wahrscheinlich die eindrücklichen Substruktionsbauten »the stepped structure« am Ost-Abhang des Südost-Hügels über der Gihon-Quelle zu datieren. Sie bestehen aus parallelen, west-östlich verlaufenden relativ kleinen Mauern, über die eine jetzt 27 m hohe und oben ca. 40 m breite Steinrampe gebaut ist, die rund 1000 m^2 bedeckt und wohl den Zweck hatte, den Hang zu sichern, um ein großes Gebäude an ihrem oberen Ende vor dem Abrutschen zu bewahren. Dieses Gebäude be-

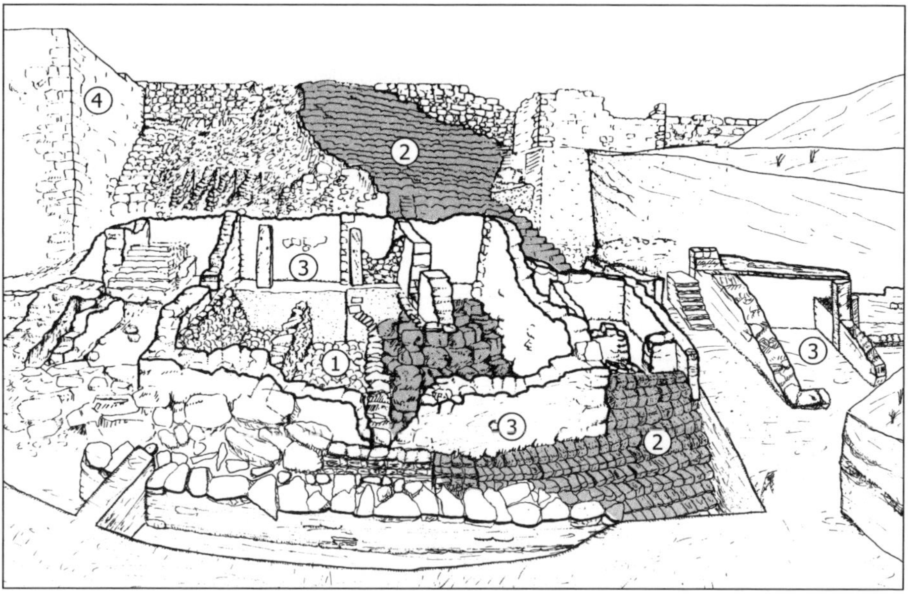

21 Rekonstruktion des Stützmauersystems und der *stepped structure* »Treppenstruktur«, die es getragen hat. Blick nach W: 1 = Substrukturen (13./12. oder 12./11. Jh. v. Chr.); 2 = Treppenstruktur (12./11. oder 11./10. Jh. v. Chr.); 3 = Häuser aus der Eisenzeit II (10.–7./6. Jh. v. Chr.); 4 = Hellenistisch-hasmonäisch bis frührömisch.

ansprucht Eilat Mazar in Form der von ihr 2005–2007 ausgegrabenen »large stone structure« gefunden zu haben. Die Beziehung zwischen den »parallelen, west-östlich verlaufenden relativ kleinen Mauern«, der »stepped structure«, und der »large stone structure« an deren oberem Ende ist umstritten. Vor allem gehen die Datierungen dieser Strukturen weit auseinander. Dauernd erscheinen neue Interpretationen. Auch 2010 haben zwei der Protagonisten der gegensätzlichen Positionen ihre Auffassung wieder dargelegt. Amihai Mazar sieht die »stepped structure« und die »large stone structure« als Teile eines Bauvorhabens, das ins 11. oder frühe 10. Jh. v. Chr. zu datieren ist und vielleicht die »Feste Zion« darstellt, die David übernommen hat (s. unten). Israel Finkelstein will die beiden Konstruktionen nicht als Einheit verstehen und datiert die »stepped structure« ins späte 9. oder gar ins 8. Jh. v. Chr. und die »large stone structure« noch später, beide jedenfalls lange nach David. Offensichtlich sind die archäologischen Gegebenheiten nicht so klar, als dass eine einfache Lösung möglich wäre. Aus welcher Periode auch immer die genannten Bauwerke stammen, biblische Überlieferungen legen nahe, dass Jerusalem im 11. und zu Beginn des 10. Jh. v. Chr. keine unbedeutende Siedlung war (vgl. weiter Faust 2010).

Mit den in der Eisenzeit I hauptsächlich nördlich und in geringerem Maß südlich von Jerusalem entstandenen, meist winzigen Siedlungen scheint die Stadt trotz gelegentlicher Zusammenstöße in einem einvernehmlichen Verhältnis gelebt zu haben. Wie Ri 1,21 sagt, handelte es sich, in Übereinstimmung mit dem archäologischen Befund,

hauptsächlich um benjaminitische Siedlungen. Das Arrangement der Benjaminiter mit Jerusalem könnte auch einer der Gründe dafür sein, warum zur Zeit der Herrschaft des Benjaminiters Saul das Verhältnis zu Jerusalem kein Problem dargestellt zu haben scheint. Es ist historisch kaum zutreffend, wenn z.B. als selbstverständlich angenommen wird, »der kanaanäische Stadtstaat Jerusalem« habe den Handelsweg zwischen Benjaminitern und Judäern blockiert. Weder konnte die Stadt den neu entstandenen Siedlungen ihre Herrschaft aufzwingen, noch konnten die Siedlungen des Stammesgebietes von Benjamin diese erobern. Überlieferungen wie die von Ri 1,1–9, die Jerusalem von Juda erobert werden lassen und es diesem zuschlagen, spiegeln spätere Verhältnisse wider, wie sie durch David geschaffen worden sind. Sie versuchen, die immer weniger plausibel gewordene Frühgeschichte wieder plausibler zu machen, indem sie die früheren Zustände den späteren Entwicklungen, nämlich der Dominanz Judas, anpassen. Spuren einer Auseinandersetzung zwischen benjaminitischen Clans und Jerusalem dürften in Jos 10,1–15 zu finden sein. In V. 12f wird ein Zitat aus dem »Buch des Wackeren« angeführt, einer Sammlung alter Sprüche und Lieder, der wir auch später wieder begegnen werden. Der Heerführer der israelitischen Stämme soll damals die Beschwörung gesprochen haben:
»Du Sonne(ngott) erstarre (*dom*) in Gibeon,
und du Mond(gott) im Tale von Ajalon«.
Gemeint war ursprünglich wohl nicht ein Stillestehen im Lauf, wie der Vers schon früh missverstanden wurde, sondern ein Sich-aus-dem-Kampf-Heraushalten. Dieser wurde für die Israeliten vom Sturm- und Kampfgott JHWH geführt. Umgekehrt setzt der Vers voraus, dass der Sonnengott bzw. die Astralgottheiten generell auf Seiten Adonizedeks, des Stadtkönigs von Jerusalem, stehen. Die Auseinandersetzung zwischen König Adonizedek von Jerusalem und den benjaminitischen Dörflern erinnert an amarnazeitliche Auseinandersetzungen zwischen Abdi-Cheba und Hapiru-Gruppen um den wichtigsten Zugangsweg von der Küste nach Jerusalem, die »Steige von Bet-Horon«. Diese Art von Konflikten illustriert auch eine berühmte Elfenbeinritzung aus Megiddo (**Abb. 22**), die rechts den siegreichen Stadtfürsten im Wagen zeigt. Vor ihm gehen als Gefangene nackt zwei Schasu-Nomaden, kenntlich an ihrer Kopftracht. Über dem Gespann steht die geflügelte Sonnenscheibe, in deren Schutz der Stadtfürst gesiegt hat. Links lässt sich der Stadtfürst, der auf dem Kerubim-Thron sitzt, als Sieger feiern.

Der beste Beweis für die nicht unbedeutende Stellung der Stadt Jerusalem im Bereich des mittelpalästinischen Berglandes am Ende der Eisenzeit I und zu Beginn der Eisenzeit IIA ist die Tatsache, dass David, nachdem er die Herrschaft über Juda erlangt hat, sie zu seiner Residenz macht. Um die neu gewonnene Macht zu stabilisieren, brauchte er ein funktionierendes Zentrum und eine Verwaltung. Die Potenz der Jerusalemer zeigt weiter die Tatsache, dass bei der harten Auseinandersetzung um Davids Nachfolge sich die Jerusalemer Partei mit ihrem Spitzenkandidaten Salomo durchsetzt, während die Judäer – obwohl ihr Kandidat Adonija, der Erstgeborene Davids, ist – unterliegen. Damit sind wir aber bereits bei den Themen der beiden nächsten Kapitel. Sie zeigen im Anschluss an die drei ersten, dass die Geschichte Jerusalems nicht mit David und Salomo beginnt, sondern sich, um neue Elemente bereichert, als Geschichte einer kanaanäisch-judäischen Stadt fortsetzt.

22 Eine Elfenbeinritzung aus Megiddo zeigt rechts (= oben) den siegreichen Fürsten unter der Flügelsonne im Streitwagen. Hinter ihm trägt ein Diener das Krummschwert, das Schwert des Sieges. Zwei gefesselte Schasu-Nomaden gehen dem Pferd voran. Links (= unten) thront der Fürst auf dem Kerubimthron und lässt sich von seinem Hofstaat feiern (um 1250–1150 v. Chr.).

4. Jerusalem wird Residenz Davids – und JHWHs (um 980 v. Chr.)

Archäologisch steht fest, dass Jerusalem im 10. Jh. v. Chr. bewohnt war. Die bedeutenden im vorigen Abschnitt diskutierten Gebäudereste stammen nach der Ansicht mancher Fachleute aus dieser Zeit (vgl. zuletzt Faust 2010). Mit Sicherheit sind ihr einige interessante Kleinfunde zuzuweisen. Dazu gehört z. B. das Fragment eines Räucher- oder Opferständers von einem Typ, der in der Regel ins 10. Jh. v. Chr. datiert wird (**Abb. 23**). Es stammt aus den Ausgrabungen Y. Shilohs in der Davidstadt und ist unterschiedlich gedeutet worden. Ziemlich eindeutig zeigt die erhaltene Figur die für Schasu-Nomaden charakteristische Frisur. Die Schasu-Nomaden bewohnten ursprünglich Nordwest-Arabien und Südwest-Jordanien, wo der JHWH-Kult herstammen dürfte (vgl. Levy 2009; Leuenberger 2010). Sie scheinen die ursprünglichen Träger der JHWH-Verehrung gewesen zu sein. Sie sind wahrscheinlich mit den biblischen Midianitern und/oder Kenitern verwandt oder gar identisch. Der JHWH-Kult dürfte schon zur Zeit Davids in Palästina in zwei verschiedenen Formen existiert haben, die auf verschiedenen Wegen dahin gekommen waren. Eine Form dürfte etwas früher direkt von Süden her mit den Kenitern über die Senke zwischen dem

23 Fragment eines Kultständers von der Treppenstruktur (vgl. **Abb.** 21,2), das einen Mann mit Schasu-Frisur zeigt (10. Jh. v. Chr.).

Roten und dem Toten Meer in den Negev und nach Juda Eingang gefunden haben (vgl. Gen 4,26; Ri 1,16). Eine etwas jüngere Form gelangte aus der gleichen Gegend mit den Midianitern über Transjordanien von Osten her nach Mittelpalästina. Nur in dieser Variante war der JHWH-Glaube mit Mose und dem Auszug aus Ägypten verbunden (vgl. Ex 2,16–21; 18). Die Exodus-Tradition wird dann nach dem Tode Salomos bei der Abtrennung der nördlichen Gebiete vom Einflussbereich Davids und Salomos eine Rolle spielen.

An literarischen Quellen sind für deren Zeit, vor allem für David, einige Erzählungen zu nennen, die in ihrem Grundbestand nahe an die erzählte Zeit heranreichen dürften. Es handelt sich vor allem um die so genannte »Thronfolgeerzählung« in 1Sam 9–20 und 1Kön 1–2 oder wenigstens Teile von ihr. Sie hat in ihrer literarischen Gestalt (viele direkte Reden) und in ihrem Realismus, der auch negative Vorkommnisse nicht verschweigt, einiges mit der ägyptischen Wenamun-Erzählung aus dem 10. Jh. v. Chr. gemein. Die Milieuechtheit und der Realismus machen es bei beiden Erzählungen schwer festzulegen, in wessen Interesse sie eigentlich geschrieben worden sind. Manche der in den David-Texten erwähnten Vorkommnisse sind so ehrenrührig, dass man sie nicht erfunden haben kann, nachdem David als Dynastiegründer zu einer kanonischen Figur geworden war. Zu diesen Überlieferungen gehört etwa jene, die von David als Anführer einer Freibeutertruppe im Dienst der verhassten Philister berichtet. Die Legende vom Sieg über den Philister Goliat wurde ursprünglich von einem sonst unbekannten Elhanan aus Bethlehem erzählt (2Sam 21,19) und erst sekundär auf David übertragen (1Sam 17), um Davids philistäischen Makel zu tilgen. Ebenso peinlich war der späteren Zeit die Tatsache, dass David als Dynastiegründer

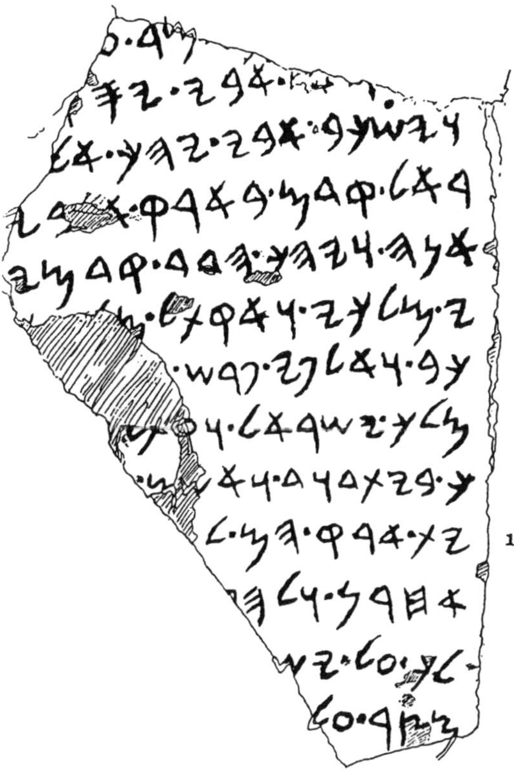

24 Fragmente einer aramäischen Stele des 9. Jh. v. Chr. aus Dan, die das *bjtdwd* »Haus Davids« erwähnt (9. Zeile, 2.–7. Buchstabe von rechts).

in seiner Residenz Jerusalem dem Dynastiegott JHWH keinen Tempel erbaut hat. Um diesen zweiten Makel zu tilgen, lassen die Chronikbücher aus dem 4. Jh. v. Chr. David als König hauptsächlich den Tempelbau vorbereiten und Psalmen dichten. An der Existenz Davids und an einigen sperrigen Daten aus seinem Lebenslauf kann so vernünftigerweise kein Zweifel bestehen.

Die Existenz der Dynastie, des »Hauses David«, ist durch eine außerbiblische Erwähnung auf einer aramäischen Siegesstele aus Dan aus der zweiten Hälfte des 9. Jh. v. Chr. belegt (**Abb. 24**).

Es ist zwar, wie unter LAGE ausgeführt, seit A. Alts berühmtem Aufsatz zum »Aufstieg Jerusalems« üblich, das vordavidische Jerusalem zu bagatellisieren. Tatsächlich dürfte Jerusalem dank seiner schwer zugänglichen Lage bis zu Beginn des 10. Jh. v. Chr. als Stadtstaat mit dem, was minimal zu einem solchen gehörte, weiter bestanden haben. Im Vergleich zu den winzigen Siedlungen in seiner Nachbarschaft stellte es nach wie vor einen bedeutenden Faktor dar. Es gehörte nicht zum Einflussbereich Sauls, des ersten Königs Israels. Saul stammte aus Mittelpalästina. Er hatte als vom Volk akklamierter Anführer im Krieg begonnen. Davids Karriere hat im Gegensatz zu der Sauls als die eines Außenseiters und Bandenführers angefangen (1Sam 22,1f). Als warlord hatte er Leute um sich, die nur ihm verpflichtet waren. Mit seiner Bande versuchte er zuerst, sich in den Dienst südpalästinischer Kleinviehzüchterclans zu stellen. Als das nicht gelang, verdingte er sich als Söldner bei den Todfeinden Israels, den Philistern. Beim Tode Sauls hat er sich durch einen Coup entschlossen und zielbewusst das Königtum über Juda verschafft und in Hebron residiert. Nach der Ermordung des Saulssohns Eschbaal hat er auch durch einige ebenso geschickte wie skrupellose Schachzüge die Herrschaft über die mittel- und vielleicht auch die nordpalästinischen Stämme errungen und so das Erbe Sauls angetreten.

Wie er – im Gegensatz zu Saul – in den Besitz Jerusalems gekommen ist, bleibt unklar. Die kurze Notiz in 2Sam 5,6–8, die darüber berichtet, ist schwer verständlich, scheint verstümmelt zu sein und ist sehr unterschiedlich ausgelegt worden. Fest steht, dass er die alteingesessenen Jerusalemer geschont hat. Der Grund, warum David sich in Jerusalem niederließ, dürfte ein doppelter gewesen sein.

Zum einen musste er den Philistern zuvorkommen, die anscheinend einen Keil zwischen seine beiden Herrschaftsbereiche, die süd- und die mittelpalästinischen Stämme, zu treiben versuchten. Die Philister waren als Teil der so genannten Seevölker im 12. Jh. v. Chr. von Westen bzw. Norden her gekommen und hatten versucht in Ägypten einzudringen, das damals das Traumland aller »unterentwickelten« Völker war. Nachdem sie von Ramses III. (1187–1156 v. Chr.) zurückgeschlagen worden waren, haben sie sich in der südlichen Küstenebene, vor allem in den Städten Gaza, Aschkelon, Aschdod, Gat und Ekron, niedergelassen. Von dorther versuchten sie auch das östlich davon gelegene Bergland unter Kontrolle zu bringen. Diesem Bestreben hat David Einhalt geboten.

Der zweite Grund, sich in Jerusalem niederzulassen, war wohl der, dass Hebron, wo er als König über Juda regiert hatte, eine ungenügende Infrastruktur aufwies, um seinen neuen Einflussbereich effizient zu verwalten. Er hat jedenfalls, wie die folgende Entwicklung zeigt, die alteingesessene Jerusalemer Beamtenschaft nicht nur geschont, sondern sie in sein Verwaltungssystem integriert. Neben den alten Gefolgsleuten wie dem Feldhauptmann Joab und dem Ladepriester Abjatar, die ihm seit der Zeit als Bandenführer treu gedient haben, tauchen in Jerusalem der Anführer der Palastwache Benaja und der Priester Zadok auf. Die Doppelbesetzung der wichtigsten Ämter sollte sich beim Tode Davids als gravierendes Problem erweisen.

Die wichtigsten Traditionen, die mit David nach Jerusalem gekommen sind, waren die Weihe des Königs durch Salbung und die Verehrung JHWHs. Die Praxis der Salbung des Königs hat zum Titel »Gesalbter«, hebräisch *maschiach*, aramäisch *meschicha*, hellenisiert *Messias* bzw. griechisch *christos* geführt. Er bezeichnete ursprünglich jeden von JHWH gesalbten König, später auch den Hohenpriester bzw. die beiden »Gesalbten«, den König und den Hohenpriester, was zur Vorstellung von den zwei Messiassen führte. Weltgeschichtlich bedeutsam ist die später entstandene Erwartung vom Gesalbten geworden, der mit seiner Ankunft die Heilszeit heraufführen und vom Bösen erlösen werde. Die Christen sahen diese Erwartung in Jesus von Nazaret erfüllt, die Juden nicht.

Noch folgenreicher war, dass David und sein Priester Abjatar, der ihm von Anfang an zur Seite stand (1Kön 2,26), die Verehrung des Gottes JHWH nach Jerusalem gebracht haben. Er wurde im Lauf der anschließenden Entwicklung zum Kristallisationspunkt eines integrativ-kumulativen Monotheismus.

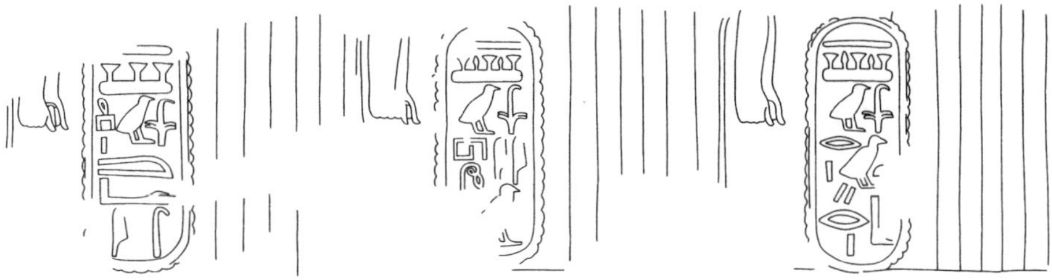

25 In der mittleren Kartusche einer Ortsnamenliste im Tempel Amenophis' III. (1390–1353 v. Chr.) in Soleb im nördlichen Sudan steht *t3-sch3sw-jhw3(w)* »Land der Schasu JHW/JHW3«.

Nach ägyptischen Quellen scheint JHWH ursprünglich im südwestlichen Jordanien bzw. nordwestlichen Arabien beheimatet gewesen zu sein, in Midian bzw. dem Gebiet der Schasu-Nomaden (**Abb. 25**).

Der Gottesname JHWH ist wohl von der Basis *hawah* her zu verstehen, die »wehen« oder »da sein« bedeuten dürfte. Er hat, wie E. A. Knauf sagt, »eine Form (deskriptives Imperfekt), die (für Namen von Gottheiten) nach der Bronzezeit außerhalb Arabiens nicht mehr nachweisbar ist«. Die Bedeutung des Namens dürfte »Er weht« oder »Er ist da« (vgl. Ex 3,14) gewesen sein. Sein Erscheinen wird mit Eigenheiten eines Sturm- und Kampfgottes verbunden, wie das bei vielen altorientalischen Gottheiten der Fall ist. Darüber hinaus zeichnen ihn aber vulkanische Züge aus, die sonst bei keiner altorientalischen Gottheit gefunden werden. Der Berg JHWHs raucht wie ein Schmelzofen (Ex 19,18; vgl. auch den Backofen in Gen 15,17). Eine Wolkensäule weist den Israeliten tags und eine Feuersäule nachts den Weg (Ex 13,21f; 14,24). Berge schmelzen in seiner Gegenwart wie Wachs (Ps 97,5; vgl. auch 104,32). Aktive Vulkane, die einer Gottheit solche Attribute liefern konnten, hat es in biblischer Zeit weder in Palästina noch auf dem Sinai, weder in Ägypten noch in Mesopotamien gegeben, sondern nur in Nordwestarabien. Ätna und Vesuv sind in Vorderasien frühestens in hellenistischer Zeit bekannt geworden. Die Herkunft JHWHs aus dem Süden hat zuletzt mit guten Gründen M. Leuenberger vertreten (2010; vgl. auch Levy 2009). Die These von M. Köckert und H. Pfeiffer, JHWH sei erst nach Zerstörung des Jerusalemer Tempels 587/586 v. Chr. mit dem Sinai in Verbindung gebracht worden, verkennt die generelle Vorstellung, dass sich Gottheiten bei Zerstörung ihrer Tempel, sozusagen ihrem Zweitwohnsitz, in den Himmel zurückziehen, der ohnehin ihr Erstwohnsitz ist. Die Annahme, JHWH sei erst nach der Zerstörung seines Tempels in Jerusalem von Schreibtischtätern in eine gottvergessene Wüste umgesiedelt worden, ist religionsgeschichtlich abwegig.

Die gern wiederholte Behauptung, JHWH sei ein Wettergott vom Typ Hadads oder Baals gewesen, ignoriert erstens die originellen, nur mit ihm verbundenen vulkanischen Elemente. Zweitens trägt sie der Tatsache nicht Rechnung, dass die Ägypter während ihrer drei Jahrhunderte lang währenden Herrschaft über die südliche Levante den kanaanäischen Wettergott in einer interkulturellen Ligatur mit ihrem eher unheimlichen, aggressiven und gewalttätigen Gott der Fremde, mit Seth, verbunden haben (Keel 2009). Dieser Baal-Seth war zwar ein Sturm- und Kriegs-, aber kein Fruchtbarkeitsgott. In Jerusalem sind neulich zwei Skarabäen ausgegraben worden,

26–27 Ein spät- und ein postramessidischer Skarabäus des 11. bzw. des 10. Jh. v. Chr., von denen der eine beim Gihon, der andere in der Davidstadt gefunden worden ist. Der eine zeigt Baal-Seth nach ägyptischer Art mit dem Kopf des Sethtiers und von Uräen flankiert. Der andere präsentiert ihn in vorderasiatischer Manier mit menschlichem Gesicht, einer Hörnerkappe und auf einem Trägertier. Der Gott war offensichtlich in Jerusalem bekannt.

die ins 11./10. Jh. v. Chr. gehören und Baal-Seth zeigen. Einmal trägt er, mehr ägyptisierend den Kopf des zoologisch nicht bestimmbaren Sethtiers und ist von Uräen flankiert (**Abb. 26**). Ein andermal hat er mehr vorderasiatisch einen menschlichen Kopf mit Hörnerkappe und steht auf einem Trägertier, einem Löwen, der den Südwind und die Wüste verkörpern dürfte (**Abb. 27**).

Der Kult des Gottes JHWH kam mittels der Lade, einem Kistenheiligtum mit einer oder zwei bildlosen Stelen, nach Jerusalem. Sie wurden später als Tafeln mit den Zehn Geboten interpretiert. Das waren sie anfänglich nicht. Sie dürften JHWH und eine zweite Gottheit,wahrscheinlich eine weibliche Partnerin, verkörpert haben. Im einzigen, archäologisch nachgewiesenen JHWH-Tempel, in dem von Arad, wurde der Gott durch eine unbeschriftete Stele vergegenwärtigt. Die Kiste war nicht das Kultsymbol, sondern nur Behältnis und machte den Inhalt transportabel. In einer Kiste transportierte Kultsymbole sind auch anderwärts belegt (**Abb. 28**).

Die Kiste, oder vornehmer »Lade« mit Stele bzw. zwei Stelen, scheint ursprünglich, was ihre Funktion anbelangt, vor allem ein Kriegspalladium gewesen zu sein, dessen Gott als »JHWH Zebaot« gefeiert wurde, als JHWH, der sich in Kampfscharen mani-

28 Ein Relief aus Medinet Habu in Theben-West aus der Zeit Ramses' III. (1187–1156 v. Chr.) zeigt einen Priester, der ein Kistenheiligtum trägt. Die »Gotteslade«, die nach 1Kön 2,26 Abjatar, der erste Oberpriester Davids, getragen hat, kann man sich ähnlich vorstellen.

festiert. Ausdrücke wie »Volk JHWHs« lassen eine enge Bindung an eine Personengruppe erkennen.
In Jerusalem wurde David mit der Vorstellung eines auf ewige Dauer angelegten Königtums bekannt, dessen Symbol der Thron war. Der auf ihm saß, trat in ein Sohnesverhältnis zur Hauptgottheit Jerusalems ein, wahrscheinlich einer Sonnengottheit, zu deren Umgebung u.a. Zedek, der Gott »Gerechtigkeit«, gehört haben dürfte. Der Jerusalemer Oberpriester hieß Zadok. Die in biblischen Texten erwähnten vordavidischen Könige Jerusalems heißen Adonizedek »Mein Herr ist Zedek« und Malkizedek »Mein König ist Zedek«.
Davids Herrschaft war ein Patrimonialkönigtum im engsten Sinne des Wortes. Die Herrschaft wurde fast ausschließlich durch seine Person repräsentiert und hing ganz von ihr ab. Er hatte durch Heiraten, Bündnisse, Dienstleistungen und militärische Expeditionen in seiner Hand viele Fäden zusammenlaufen lassen.

Wie groß der Einflussbereich Davids und Salomos war, ist stark umstritten. Von einem »Reich« sollte man nicht reden. Es dürfte vorerst weder eine entsprechende bürokratische Verwaltung noch eine militärisch-polizeiliche Macht gegeben haben, die in der Lage gewesen wäre, einer zentralen Verwaltung Nachachtung zu verschaffen. Es ist an einen Bereich zu denken, in dem die personal konzipierte Autorität Davids vielfältigen Einfluss ausübte. Durch gelegentliche Kriegs- und Beutezüge wurde sein Ansehen aufrecht erhalten. Was die Ausdehnung dieses Bereichs betrifft, so vertritt z.B. A. Mazar die Meinung, er habe sich über den größten Teil des heutigen Israel/Palästina – die Philistergebiete ausgenommen – erstreckt. Er kommt also auf einen Einflussbereich von ca. 12000 km^2. I. Finkelstein möchte diesen Einflussbereich ungefähr auf das Gebiet des amarnazeitlichen Stadtstaats Jerusalem (vgl. **Abb. 19**), also auf ca. 1600 km^2 beschränkt sehen. Was die Bestätigung bzw. Widerlegung der beiden Ansichten durch die Archäologie betrifft, ist die Situation ähnlich unsicher (Huber 2010) wie für das davidisch-salomonische Jerusalem. Für eine effiziente Kontrolle weiter Teile des Landes mindestens durch Salomo sprechen nach A. Mazar (2010) und seinen Parteigängern archäologisch z.B. die fast identischen Stadttore von Geser, Megiddo und Hazor, die nach 1Kön 9,15 von Salomo befestigt wurden. Nach I. Finkelstein (2010) und seinen Anhängern sind die für Salomo beanspruchten Bauten aber erst gut 80 Jahre später unter der Omri-Dynastie entstanden, die von Samaria aus eine effiziente Verwaltung aufbaute. Beachtet man, als wie problematisch und teilweise misslungen bereits biblische Texte die Integration Mittel- und Nordpalästinas durch David schildern (2Sam 20), ist nicht ein Reich, aber ein weit ausgedehnter Herrschaftsbereich, der aber bereits zur Zeit Davids nicht unangefochten war, die wahrscheinlichere Lösung.
Im Hinblick auf eine religionsgeschichtliche Fragestellung ist die Existenz oder Nichtexistenz eines solchen »Reiches« ohnehin von geringer Bedeutung. Es dauerte, wenn es denn bestand, jedenfalls nur kurze Zeit und war wenig intensiv. Historisch besser fassbar sind die seit dem Tode Salomos um 930 v.Chr. entstandenen Reiche Israel im Norden und Juda im Süden. Um 720 v.Chr. ist das bedeutendere der beiden, das Nordreich, nach ungefähr 200-jährigem Bestehen von den Assyrern zerstört worden. Die Idee einer einheitlichen Größe »Israel«, die fast ganz Palästina umfasste, hat religionsgeschichtlich erst etwa 100 Jahre nach dem Untergang des Nordreichs eine

Rolle zu spielen begonnen, als der judäische König Joschija und seine religiösen Ratgeber nach dem Zusammenbruch des Assyrerreiches versuchten, dieses »Erbe«, auch das religiöse, anzutreten und das ehemalige Nordreich Israel und das Südreich Juda als Einheit zu verstehen (vgl. Na'aman 2010a).
Eine reale Basis für das Konzept eines »Gesamtisrael« bot außer dem Einflussbereich Davids und Salomos die Tatsache, dass JHWH schon zu Beginn des 10. Jh. v. Chr. offensichtlich sowohl in den südlichen Gebieten wie auch weit im Norden (vgl. das archaische Deboralied in Ri 5) als Hauptgott verehrt wurde. Die im Norden gepflegte Überlieferung von JHWH als Gott des Auszugs aus Ägypten scheint im Süden lange keine oder kaum eine Rolle gespielt zu haben. Offensichtlich war im Süden die Identifikation JHWHs mit dem Sturm- und Kriegsgott Baal-Seth kein Problem gewesen. Das kann man aus dem Namen des Saulsohns Eschbaal »Mann Baals« und aus dem Namen des Saulenkels Meribbaal »Streiter Baals« schließen. Hingegen wurde weiter im Norden der kanaanäische Baal lange als ein von JHWH deutlich verschiedener Gott wahrgenommen. Erst der Prophet Hosea hat im 8. Jh. v. Chr. energisch gefordert, Korn, Wein, Öl und Feigen nicht als Gaben Baals, sondern als solche JHWHs zu betrachten (2,4–17). Mit diesen letzten Bemerkungen zu einem entscheidenden Schritt auf dem Weg zu einem integrativ-kumulativen Monotheismus wurde dem Lauf der Geschichte jedoch vorgegriffen.

5. Salomo, Erbauer des 1. Tempels und Märchenkönig (um 950 v. Chr.)

Beim Tode Davids hätte eigentlich dem Erstgeborenen seiner überlebenden Söhne, Adonija, die Herrschaft zugestanden (1Kön 2,15). Die Gefolgsleute Davids der ersten Stunde, vor allem der Feldhauptmann Joab und der Priester Abjatar, versuchten denn auch, den noch in Hebron Geborenen zum König zu machen. Nun zeigte sich aber drastisch die Problematik von Davids Vorgehen, in Jerusalem seinem Neffen und alt gedienten Feldhauptmann Joab den Jerusalemer Benaja und seinem Priester der ersten Stunde, Abjatar, den Jerusalemer Zadok an die Seite zu stellen. Die beiden nur von der Persönlichkeit Davids zusammengehaltenen Gruppen, seine alte Garde und die Jerusalemer Aristokratie, die sich als Konkurrenten empfinden mussten, gerieten bei Davids Ableben in einen Konflikt auf Leben und Tod. Den alteingesessenen Jerusalemern gelang es in einem Palastcoup mit Hilfe Batsebas, der Jerusalemerin und Lieblingsfrau Davids, deren Sohn Salomo auf den Thron zu setzen. Die Anführer der alten Gefolgsleute Davids ließ Salomo brutal beseitigen, indem er sie umbringen ließ, so Adonija und Joab, oder verbannte, so Abjatar. Erstaunlicherweise blieben die wichtigsten Elemente der religiösen Traditionen, die mit David nach Jerusalem gekommen waren, die Salbung des Königs und vor allem der Kult JHWHs erhalten. Der Jerusalemer Salomo, der aus dem tödlichen Konflikt als Sieger hervorgegangen war, wagte nicht, JHWH, den Schutzgott seines Vaters, des Dynastiegründers, als Gott dieser Dynastie zu ersetzen.
Salomo versuchte anscheinend, die Herrschaft stärker zu strukturieren und eine elementare Administration zu schaffen. Das dürfte der Grund sein, warum Salomo der Tradition zum Patron der Weisheitsliteratur wurde. Diese war ja eng mit dem Schreiberstand verbunden. Salomos Persönlichkeit wird im Gegensatz zu der Davids nicht

fassbar. Er wuchs wahrscheinlich im Gegensatz zu seinem Vater vom Volk abgeschirmt im Palast auf. Die Überlieferung ersetzte die fehlenden Anekdoten zur Person durch Attribute des märchenhaften Herrschers, durch eine bedeutende Streitwagentruppe, weit reichende Handelsbeziehungen, großen Reichtum, vor allem an Gold und Gewürzen, den historisch unmöglichen Besuch einer Königin aus dem fernen Saba, einen riesigen Harem mit Frauen von hohem Stand (ägyptische Königstochter!) und eben eine international anerkannte Weisheit. Alle diese Phänomene dürften bestenfalls in spurenhaften Ansätzen vorhanden gewesen sein.

Salomo scheint als Jerusalemer ein stärker zentralistisches Gebilde im Sinne der spätbronzezeitlichen Stadtstaaten initiiert zu haben, eine Art provinzielle Kopie des ägyptischen Staates, der ein Surplus erwirtschaftete, das der Zentralmacht, vor allem der Hauptstadt, zugute kam. Er führte keine Kriege, da diese einem solchen Ziel in der Regel wenig dienlich sind. Abgaben, Frondienst und Handel scheinen seine Mittel gewesen zu sein. Die Vertreter der Dorf- und Stammesgemeinschaften, wohl in erster Linie die der Stämme Efraïm und Manasse, aber auch die der alten Kanaanäerstädte wie Megiddo, Taanach und das altehrwürdige Sichem hatten bei diesem neuen Konzept hauptsächlich die Lasten zu tragen. Juda scheint weitgehend geschont worden zu sein (vgl. 1Kön 4,7–19; 5,27). Diese Politik hat sich nach Salomos Tod als verfehlt erwiesen. Sie wurde von den mittel- und nordpalästinischen Stämmen als Ägyptisierung empfunden, und in der Folge haben sich diese vom Jerusalem Salomos abgewandt.

Während Salomos Herrschaftspolitik scheiterte, wurden seine religionspolitischen Maßnahmen in hohem Maße geschichtswirksam, vor allem der Bau des Tempels. Es scheint im vordavidischen Jerusalem ein Sonnenheiligtum gegeben zu haben, aber kein Tempelhaus, was bei einem Sonnenheiligtum nicht ungewöhnlich war. Dass Salomo den Tempel auf bereits heiligem Boden bauen ließ, suggeriert der Umstand, dass beim Bau ein für heilige Stätten vorgeschriebenes Verfahren angewendet werden musste (vgl. 1Kön 6,7). Ein Tempelweihspruch, der auf eine Bauinschrift zurückgehen könnte und jetzt als Zitat aus dem »Buch des Wackeren«, einer frühen Lied- und Spruchsammlung, angeführt wird (s. oben das Zitat »Du Sonne erstarre in Gibeon«), legt diese Annahme ebenfalls nahe. Die ältere und vollständigere Fassung dieses Spruchs ist nicht im heute vorliegenden hebräischen Text überliefert, der in der Hasmonäerzeit im 2. Jh. v.Chr. revidiert worden ist (Schenker 2010). Sie lag in jenem hebräischen Text vor, welcher der ältesten Übersetzung der Samuel- und Königsbücher ins Griechische zugrunde lag. Das Tempelweihspruch-Zitat muss vom Griechischen ins Hebräische zurückübersetzt etwa Folgendes bedeutet haben:

»Damals sprach Salomo über das Haus,
als er es zu bauen vollendet hatte:
›Die Sonne(ngottheit) hat am Himmel kundgetan:
JHWH hat gesagt, er wolle im Dunkeln thronen.
Baue mein Haus, ein erhabenes Haus für dich,
um (darin immer wieder) von neuem zu thronen.‹«
(1Kön 8,12f bzw. 3Kön 8,53).

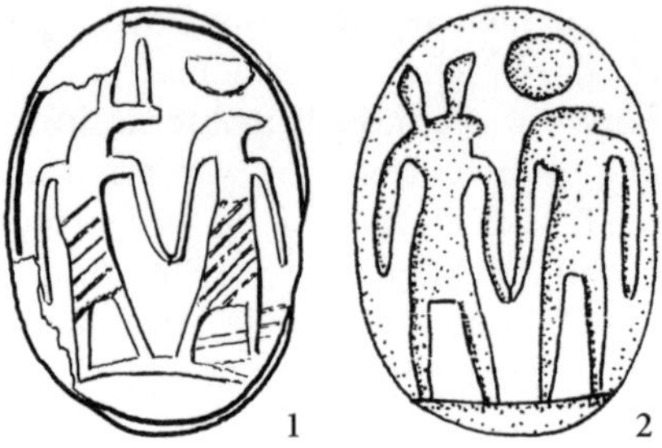

29,1–2 Auf einem Skarabäus aus Akko und einem vom Tell es-Saidije im Jordantal sind Baal-Seth (links) und der falkenköpfige Sonnengott wie ein Brüderpaar Hand in Hand dargestellt (1200–1000 v. Chr.).

Der Sonnengott als ursprünglicher Eigentümer des Heiligtums gibt Salomo die Anordnung, ein Haus zu bauen, weil JHWH, sein Gast und Beisasse, im Gegensatz zu ihm selbst im Dunkeln wohnen wolle. Dieses Verständnis des Tempelweihspruchs ist oft übernommen, gelegentlich zaghaft in Frage gestellt und manchmal heftig bestritten worden. J. Kutter fragt, ob die Sonnengottheit diese Mitteilung nicht als Botin JHWHs mache (2008: 362). Die Botenfunktion der Sonnengottheit ist zwar für Ugarit gut bezeugt, nicht aber für die südliche Levante. F. Hartenstein hat behauptet, die Verbindung einer Sonnengottheit und eines Sturm- und Unwettergottes wie JHWH sei ganz unwahrscheinlich (2007). Aber genau diese Verbindung ist für das 10. Jh. v. Chr. für Jerusalem und die südliche Levante generell bestens bezeugt (Keel 2009; zu den übrigen von Hartenstein in Frage gestellten Punkten vgl. Keel 2009a). Auf einem der beiden Baal-Seth Skarabäen aus dem Jerusalem des 11./10. Jh. v. Chr. sind dem Gott zwei Sonnenscheiben beigesellt (vgl. **Abb. 26**). Auf einem Skarabäus aus Akko und einem vom Tell es-Saidija im Jordantal erscheinen Baal-Seth und der Sonnengott friedlich Hand in Hand (**Abb. 29**,1–2).

Andere Skarabäen der ausgehenden Spätbronze- und der frühen Eisenzeit zeigen, worauf diese Freundschaft gründet. Baal-Seth ist »vom Sonnengott geliebt«, wie gelegentliche Beischriften sagen, weil er mit seiner aggressiven Kraft die Chaosmacht, ägyptisch das Dunkel (Apophis), kanaanäisch das bedrohliche Meer (Leviatan), in die Schranken weist (**Abb. 30**,1–6).

Salomo baute im alten heiligen Bezirk des Sonnengottes auf dem Nord-Ost-Hügel, wo bis dahin offensichtlich ein Freilichtheiligtum war, ein nach Osten gerichtetes Haus für JHWH und den Sonnengott. Das ursprüngliche Sonnenheiligtum erklärt die seit langem beobachtete und überraschende Ost-West-Orientierung des Jerusalemer Tempels, die quer zur Nord-Süd-Ausrichtung der Stadt liegt. Der Tempel war trotz seiner eindrücklichen 30 m Länge (1Kön 6,2f) im Vergleich zu den Palastbauten ein eher bescheidenes Gebäude.

Während er ca. 300 m^2 bedeckte, nahm ein einziges Gebäude der Palastbauten, das so genannte »Libanonwaldhaus«, 1250 m^2 ein (1Kön 7,2). Die Zahlenverhältnisse zeigen, dass der Palast eine viel größere Bedeutung besaß als der Tempel (**Abb. 31**). Dieser war ursprünglich eine Art Palastkapelle. Man hätte von ihr das Gleiche sagen können, was der Oberpriester von Bet-El in Amos 7,13 vom dortigen Reichstempel sagt: »Er ist ein Heiligtum des Königs und ein Haus des Königtums«. Der König war denn auch verantwortlich für die Ausstattung, den Unterhalt und die dort tätigen Priester. Wie der alte Tempelweihspruch sagt, war es auch ein Haus für den König, der dort

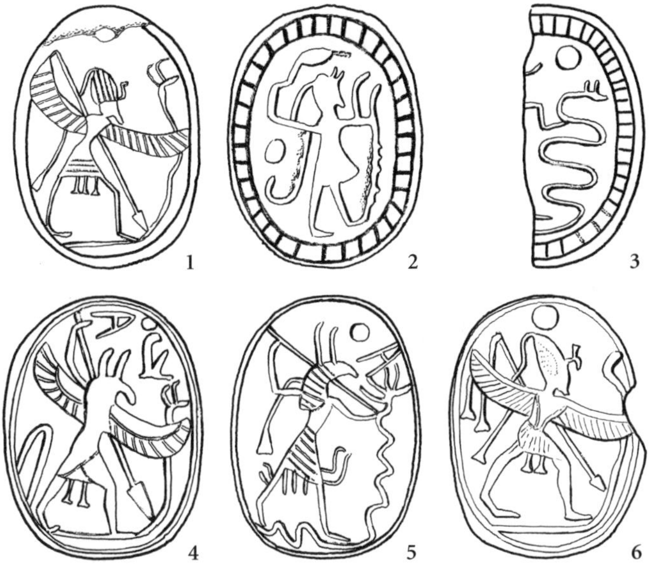

30,1–6 Diese Skarabäen zeigen, warum Baal-Seth »vom Sonnengott geliebt« ist, wie auf **30**,4–5 explizit gesagt wird. Baal-Seth ersticht ägyptisch gesprochen die gehörnte Apophis- bzw. kanaanäisch die Leviatan-Schlange, welche die vom Sonnengott geförderte Ordnung bedroht. Baal-Seth ist bald im Sinne Baals mit menschlichem Kopf dargestellt, so auf den Skarabäen vom Tell el-Farʿa-Süd (**30**,1) und Lachisch (**30**,2), bald im Sinne Seths mit dem Kopf des Sethtiers (**30**,4–5) und einmal mit menschlichem Kopf (**30**,6), aber mit dem Kopf des Sethtiers an der Stirn (1250–1000 v. Chr.).

von der Gottheit legitimiert thronte. Erst nach der Zerstörung Jerusalems 587/586 v. Chr., als der Tempel wieder aufgebaut wurde, der Palast hingegen nicht, wurde der Tempel als Wohnstatt Gottes zum Zentrum Jerusalems. Vorher spielten mindestens bis zur Reform des Joschija auch in und um Jerusalem Freilichtheiligtümer (bamot) eine wichtige Rolle (Keel 2012: 323–328).

Der von Salomo erbaute Tempel wurde wahrscheinlich mit einem leeren Thronstuhl als Kultsymbol der Gegenwart des Sonnengottes ausgestattet. Diese Praxis ist für das 10. Jh. v. Chr. für Nordsyrien gut belegt (**Abb. 32**).
Ob dieser leere Thron schon ein Kerubim-Thron war, ist fraglich. Zwar sind Kerubim-Throne schon für das 12. und 11. Jh. v. Chr. bezeugt (vgl. **Abb. 22**), aber es sind, soweit wir sehen, durchwegs irdische Könige, die darauf sitzen, und nicht Gottheiten. Leere Kerubim-Throne bzw. solche, auf denen Gottheiten sitzen, sind erst ab dem 7. Jh. v. Chr. bekannt (**Abb. 33**; vgl. auch Kamlah 2008).
Es gab ursprünglich im Tempel von Jerusalem anscheinend zwei Kultsymbole, eines für den Sonnengott, der leere Thron, und eines für JHWH, die Lade mit den Steinstelen. Schon von Anfang an oder zu einem späteren Zeitpunkt wurde die Lade quasi als Schemel unter den leeren Thron gestellt und aus den zwei Kultsymbolen wurde eines (zu den vielfältigen Weisen solcher Prozesse der Fusion von Gottheiten vgl. Asher-Greve/Goodnick Westenholz 2013: 29–39).

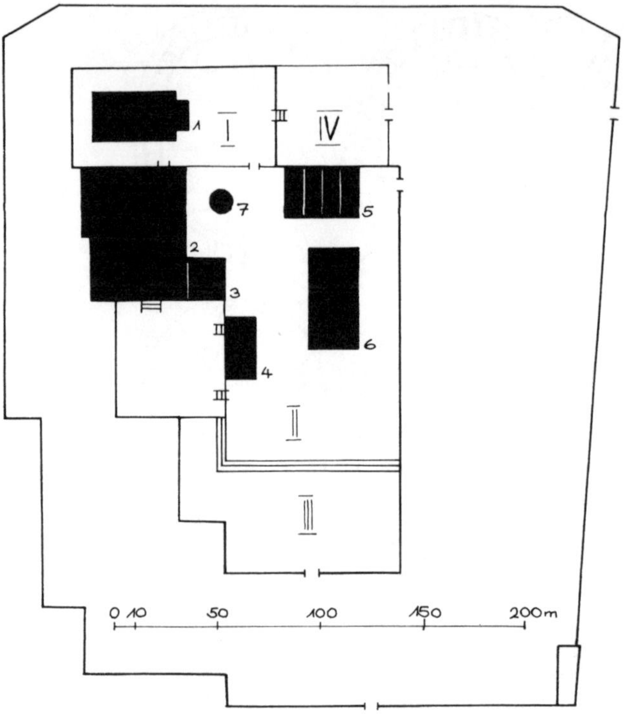

31 Rekonstruktion der Akropolis von Jerusalem aufgrund von 1Kön 6–7 nach Th. A. Busink: 1 = Tempel; 2 = Palast; 3 = Palast der Königin; 4 = Thronsaal; 5 = Ställe; 6 = Libanonwaldhaus; 7 = Heiliger Fels; I = Tempelhof; II = Großer Hof; III = »Anderer« Hof; IV = Neuer Hof. Obwohl für den Tempel die größte Variante gewählt worden ist, die aufgrund der überlieferten Daten möglich ist, nimmt er sich neben den Palastbauten **31**,2–6 bescheiden aus. Der nach Osten orientierte Tempel liegt quer zur Achse der Stadt.

32 Zwei Stiermenschen (vgl. Ez 1,5–7) tragen den Stuhl mit der geflügelten Sonne. Links davon thront der Herrscher von Gozan/Guzana (Tell Halaf, Nordsyrien). Auch hier scheint der Sonnenkult wie in Ps 72,5 und 17 eng mit dem Gedeihen der Dynastie verbunden gewesen zu sein (10./9. Jh. v. Chr.).

33 Kerubim-Thron aus Stein von der südlichen Küste Libanons. Leer oder mit einer Sitzfigur versehen, dürfte er eine Gottheit repräsentiert haben. Die Kerubim tragen gleichzeitig den Thronsitz und bewachen den »Lebensbaum« in Form einer Palmette (7. Jh. v. Chr.).

JHWH ist im Sinne eines integrativen Monotheismus mit dem Sonnengott Schemesch identifiziert worden. Das zeigt z.B. die Geschichte von der Zerstörung Sodoms. Auf diese Geschichte (Gen 19) wird der Jerusalemer Prophet Jesaja am Ende des 8. Jh. v. Chr. anspielen ohne sie zu erzählen. Sie war offensichtlich allgemein bekannt. Er sagt, Jerusalem sei einmal voller Recht (*mischpat*) gewesen und Gerechtigkeit (*zedek*) habe dort übernachtet (1,21, vgl. auch 1,27). In 1,7 und 9f klagt der Prophet, dass Jerusalem ohne die Hilfe JHWHs fast wie Sodom geworden wäre. So, wie der Prophet redet, war zu seiner Zeit JHWH der Hauptakteur der Geschichte. Von Haus aus war die Sodomgeschichte aber eine, in der der Sonnengott die Hauptrolle spielte. Die beiden Boten, die nach Sodom kommen, sind wahrscheinlich »Recht und Gerechtigkeit«, die ständigen Begleiter des Sonnengottes (**Abb. 34**,1–3).
Sie können in Sodom nicht übernachten (vgl. Gen 19,2 und Jes 1,21), weil die Männer von Sodom sie homosexuell missbrauchen wollen. Ob eine Stadt und ihre Gemeinschaft von Recht und Gerechtigkeit bestimmt sind, erweist sich besonders nachts, wenn der Sonnengott abwesend ist. Einzig der Gastgeber der beiden Boten, Lot, der ihnen ein sicheres Nachtquartier angeboten hat, verdient zusammen mit seiner Familie Schonung. Sie wird aus der Stadt hinausgeführt und wie die Morgenröte

1

2

3

34,1–3 Das Rollsiegel **34**,1 zeigt den Sonnengott, der sich am Morgen im Himmelstor zum Gericht setzt, flankiert von seinen Dienern »Recht und Gerechtigkeit«. Das akkadische, zwischen 2300–2200 v. Chr. gefertigte Stück ist in einem Grab des 7. Jh. v. Chr. an der Mamillastraße in Jerusalem gefunden worden. Das neuassyrische Rollsiegel **34**,2 aus dem 8./7. Jh. v. Chr. kombiniert die typisch ägyptische geflügelte Sonnenscheibe mit den Büsten des vorderasiatischen anthropomorphen Sonnengottes und denen seiner Minister »Recht und Gerechtigkeit«. Das gleiche Motiv zeigt das nordwestsemitische Namens-Siegel **34**,3 (7. Jh. v. Chr.). Vgl. weiter **Abb. 58**,1.

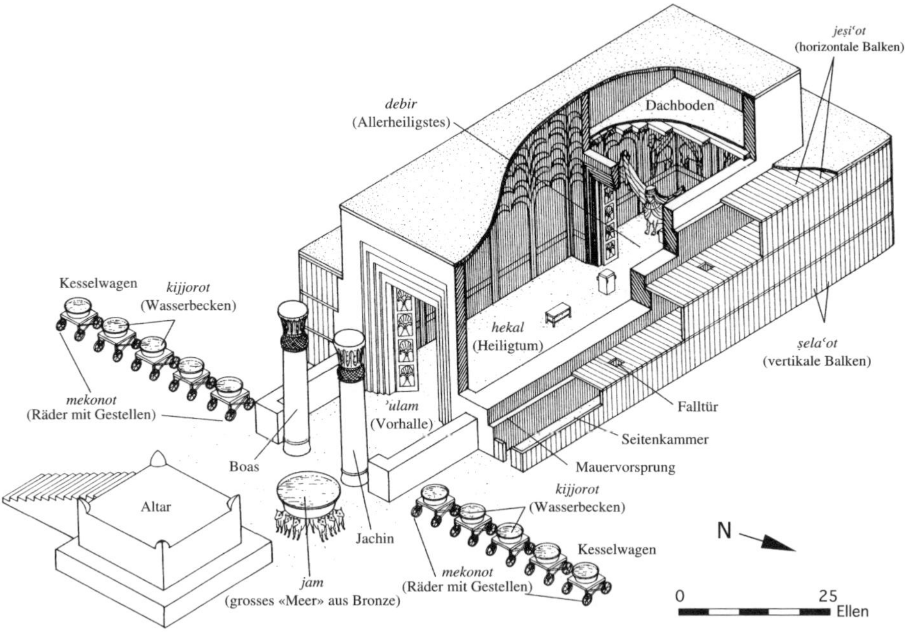

35 Der Versuch von Leen Ritmeyer, die Beschreibung des Tempels und seines Mobiliars in 1Kön 6 und 7,13–51 graphisch umzusetzen.

über Moab aufsteigt, muss sie sich beeilen. Das Morgenrot kündet das Kommen des Sonnengottes als Richter an. Bei seinem Erscheinen richtet er die Stadt mit Feuer und Schwefel. Das sind die Strafmittel des Sonnengottes. Das »von JHWH her« in Gen 19,24 verrät noch deutlich, dass die Geschichte ursprünglich vom Sonnengott handelte.

Die Ausstattung des Tempels enthielt viele Hinweise auf den Sonnengott als Hauptbewohner, so z.B. die beiden Säulen mit ihren Lotoskapitellen am Eingang oder die Lotosform des »Ehernen Meeres«. Hinweise auf den Kampf- und Sturmgott wurden, wie etwa die Stiere, die das »Eherne Meer« trugen, schon im 8. Jh. v.Chr. beseitigt. Am Ende des 8. Jh. v. Chr. dominieren in der Ikonographie der Könige von Juda Sonnensymbole (s. **Abb. 48**,1–8).

Salomo hinterließ einen Tempel, in dem die zwei wichtigsten Gotteserfahrungen und Theologien des Nahen Ostens vom Ende des 2. Jt. v.Chr. kombiniert waren: die Sonnnengott-Theologie, die in Jerusalem ihrerseits ägyptische und vorderasiatische Elemente aufgenommen hatte (vgl. Keel 2010), und die Sturmgott-Theologie, die in Jerusalem ebenfalls Elemente mindestens zweier göttlicher Gestalten vereinigte, nämlich des Sturm-, Vulkan- und Kriegsgottes JHWH aus dem nordwestlichen Arabien und des ägyptischen Seth (vgl. Keel 2009). Beim Tode Salomos waren deren so unterschiedliche Aspekte im Tempel von Jerusalem vereint, wenn vielleicht auch noch nicht in einer Person. Ein JHWH, der ebenso Züge eines Kampf- und Sturmgottes wie die eines Sonnengottes aufweist, wird etwa in Ps 104 geschildert, einem der schönsten Psalmen, der viel später Franz von Assisi zu seinem berühmten Sonnengesang inspiriert hat (Pozzi 1985). Die Vereinigung JHWHs mit dem Sonnengott hatte zwei für die Entstehung des Monotheismus ausschlaggebende Folgen. Erstens konnte sich ein Gott, der ebenso sehr in punktuellen und dramatischen Wetter-, Vulkan- und Kriegsereignissen erfahren werden konnte, wie im Ordnung und Leben stiftenden regelmäßigen Lauf der Sonne, in keinem dieser Phänomene adäquat manifestieren. Er musste als diese unterschiedlich-gegensätzlichen Phänomene übersteigend dargestellt und von einer primär immanenten zu einer transzendenten Größe werden. Zweitens führten diese sehr unterschiedlichen »Ingredienzien« zu einer Gottesvorstellung, die im Gegensatz zum Aton Echnatons extrem aspektreich war und so das Format besaß, als einzige anerkannt zu werden. Zwar hatten auch die östlichen Nachbarvölker eine Art Haupt- und Nationalgott, so die Ammoniter Milkom, die Moabiter Kemosch etc., aber diese scheinen jedenfalls nicht im gleichen Ausmaß wie JHWH Komponenten unterschiedlichster Gottheiten in sich aufgenommen und vereinigt zu haben.

Nach dem Tode Salomos wandten sich die Stämme des nördlichen Einflussbereichs von Jerusalem ab. Das geschah unter der Führung eines gewissen Jerobeam. In 1Kön 11,26–40 wird unter Verwendung älterer Materialien erzählt, wer Jerobeam war und wie er durch Berufung durch den Propheten Ahija zum Gegenspieler Salomos und Jerusalems wurde. Jeroboam soll zuerst »Fronaufseher« für die mittelpalästinischen Stämme Efraïm und Manasse gewesen sein. Er selbst war Efraïmiter. Die mittelpalästinischen Stämme waren schon zur Zeit Davids viel lockerer mit seinem Königtum verbunden als die Region Juda, aus der David stammte und über die allein er zunächst König war. Man konnte nicht vergessen, dass David ein Königtum aus dem eigenen Haus, nämlich das Sauls und seiner Nachfahren, abgelöst und zerstört hatte, und die Würde, welche die mittelpalästinischen Stämme einmal besessen hatten, auf Juda übergegangen war. Es ist kaum zufällig, dass der Prophet, der Jerobeams Abfall vom Hause David legitimierte, ein Prophet aus Schilo war (1Kön 11,29). Schilo hatte seine Stellung als vorrangiges Heiligtum an Jerusalem abgeben müssen (vgl. 1Sam 1,3.24; Jer 7,12.14; 26,6.9).

Jerobeam hatte offensichtlich noch zu Lebzeiten Salomos versucht, ihm die mittelpalästinischen und nördlichen Stämme abtrünnig zu machen. Das misslang, und so musste er nach Ägypten fliehen, wo er bei Pharao Scheschonq I. (biblisch Schischak) Asyl erhielt (1Kön 11,40). Mit Schischak muss aus chronologischen Gründen Scheschonq I., der Begründer der aus Libyen stammenden 22. Dynastie, gemeint sein. Scheschonq regierte von ca. 945–924 v. Chr. Das Asyl, das Scheschonq Jerobeam gewährte, darf nicht aus dem Auge gelassen werden, wenn es darum geht, den Feldzug Scheschonqs nach Palästina zu verstehen.

Wann Salomo starb, wissen wir nicht genau. Die Schwächen seiner Politik wurden nach seinem Tode offensichtlich, als es Jerobeam nach seiner Rückkehr aus dem Exil gelang, die Herrschaft über die mittelpalästinischen und nördlichen Stämme zu übernehmen.

Im Gegensatz zu diesem neu entstehenden Gebilde herrschte Jerusalem fortan nur über ein bescheidenes Territorium, besaß aber eine gefestigte Dynastie und vor allem ein Heiligtum mit einem großen Potenzial.

6. Jerusalem – Konkurrenz und Kooperation mit dem Nordreich (ca. 930–730 v. Chr.)

Nach dem Tode Salomos trat in Jerusalem Rehabeam, der Sohn Salomos und einer Ammoniterin, die Herrschaft an (ca. 930–917 v. Chr.). Ab Rehabeam (und Jerobeam) verfügten die Verfasser des Deuteronomistischen Geschichtswerkes über schriftliche Quellen zur Geschichte der Könige Judas (und Israels). Als »Deuteronomistisches Geschichtswerk« werden Teile von Dtn, Jos, Ri, 1–2Sam und 1–2Kön verstanden, die durch theologische Reden und interpretierende Bemerkungen in der Sprache und im Geiste des Dtn gestaltet sind. Der genaue Umfang, die Art der Quellen, die Art, wie sie verwendet wurden, die Frage, ob es einen oder mehrere Verfasser und eine oder mehrere Versionen gab, sind umstritten. Gesichert ist, dass das Deuteronomistische Geschichtswerk diese Quellen nur sehr selektiv benützt hat. Das legen häufige Bemerkungen wie die folgende nahe: »Die übrige Geschichte Jorams und alle seine Taten sind aufgezeichnet in der Chronik der Könige von Juda« (2Kön 8,23). Wiederholt wird auch eine »Chronik der Könige von Israel« zitiert. Wie in der Amarnazeit muss man davon ausgehen, dass die allermeisten Quellen verloren sind und uns nur Reste zur Verfügung stehen. Dass es in Jerusalem im 9. Jh. v. Chr. umfangreiche Schriftdokumente gab, bezeugen aber nicht nur die eben zitierten Notizen, sondern auch überraschende Siegel- und Bullenfunde aus den seit 1995 laufenden Ausgrabungen von R. Reich und E. Schukron bei der Gihon-Quelle. In einer Auffüllung, die als Boden für ein Haus gemacht wurde, und in der unmittelbaren Umgebung dieses Hauses fanden sie rund 20 Siegel, hauptsächlich Skarabäen und Knochensiegel, und rund 180 Bullen und Bullenfragmente (Reich/Shukron/Lernau 2007). Das Material, das zusammen mit Keramikresten in der Auffüllung gefunden wurde, gehört eindeutig dem 9. Jh. v. Chr. an. Dasjenige in der Umgebung des Hauses ist etwas jünger. Das Siegelmaterial aus der Auffüllung enthält bis auf eine winzige Ausnahme (vgl. **Abb. 41**,2) keine althebräischen Buchstaben. Unter dem Material aus der Umgebung des Hauses befinden sich hingegen einige Namenssiegel (Reich/Shukron 2009). Manche der Bullen aus der Auffüllung tragen auf der Rückseite Spuren von Papyrusfasern, dienten also zu Siegelung von Schriftdokumenten. Es muss in Jerusalem im 9. Jh. v. Chr. demnach erheblich mehr des Schreibens kundige Leute gegeben haben, als bisher angenommen wurde (Na'aman 2010: 169f). Das bleibt relevant, auch wenn man den Fund mit Finkelstein etwas später ans Ende des 9. oder in den Anfang des 8. Jh. datiert (2011: 3). Interessant ist auch, dass die Ikonographie der Siegel und Abdrücke Elemente verschiedener Kulturkreise zeigt. Das Jerusalem des 9. Jh. v. Chr. stand also in einem recht weiträumigen Beziehungsnetz. Es finden sich Motive und Siegeltypen, die aus Ägypten stammen (**Abb. 35**) oder typisch sind für das palästinische Bergland der frühen Eisenzeit IIA im Allgemeinen (**Abb. 37**) oder – wie die Knochensiegel – für Jerusalem und Judäa im Besonderen (**Abb. 38**). Stark vertreten ist die phönizisch-israelitische Glyptik des Nordens (**Abb. 39**).

Besonders eindrücklich sind bis jetzt nur für Jerusalem belegte architektonische Elemente (**Abb. 40**, 1–3), die als Zeichen der Herrschaft vielleicht der königlichen Administration zuzuordnen sind (vgl. Keel 2012: 334–336; Reich 2012). Interessant sind auch zwei geflügelte Sonnenscheiben, eine mit einem althebräischen *schin* (**Abb. 41**). Das überraschendste Motiv ist ein leerer Thron mit einer Standarte mit geflügelter

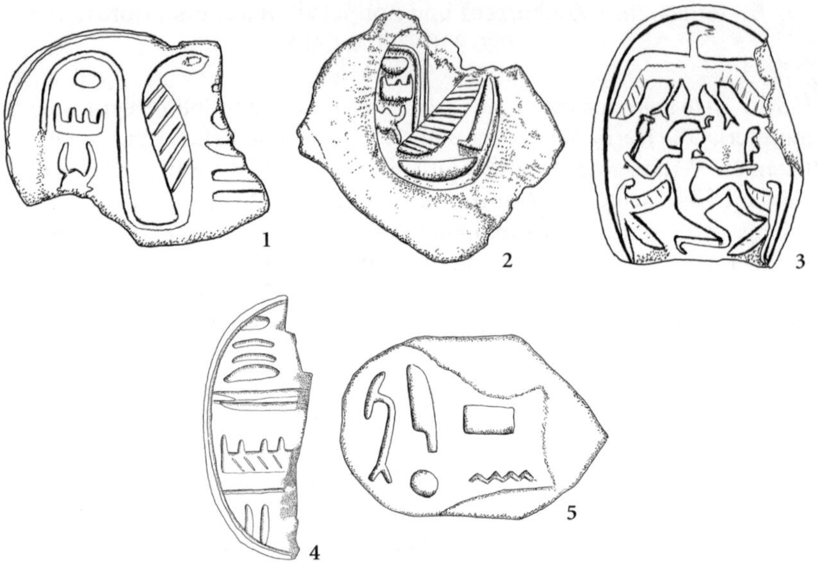

36,1–5 Das Skarabäus-Fragment und der Skarabäus-Abdruck **36**,1 und 2 zeigen den Thronnamen Thutmosis' III. (vgl. **Abb. 17**,1–2), einmal vom Schwanz einer Uräusschlange, einmal von einem stilisierten Falken geschützt (1292–1070 v. Chr. bzw. 945–ca. 830 v. Chr.). Auf dem Kauroid **36**,3 ist ein Pharao zu sehen, der im Schutz der Flügel der Geiergöttin und zweier Falken die Hieroglyphen »gesegnet, gelobt« und »Maat« hält, also von der Göttin der rechten Ordnung gesegnet ist (1292–1190 v. Chr.). Die nur fragmentarisch erhaltenen Skarabäen **36**,4–5 trugen den Namen des Gottes Amun-Re, des »Verborgenen«, der sich in der Sonne manifestiert (ca. 945–830 v. Chr.).

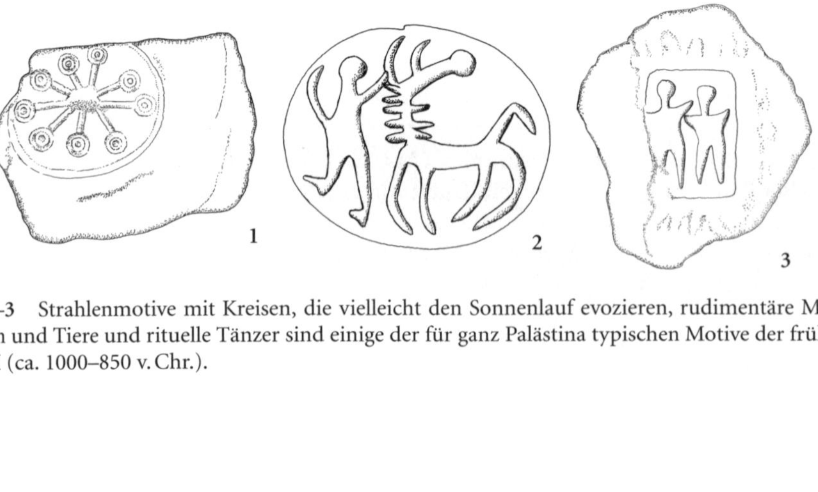

37,1–3 Strahlenmotive mit Kreisen, die vielleicht den Sonnenlauf evozieren, rudimentäre Menschen und Tiere und rituelle Tänzer sind einige der für ganz Palästina typischen Motive der frühen EZ II (ca. 1000–850 v. Chr.).

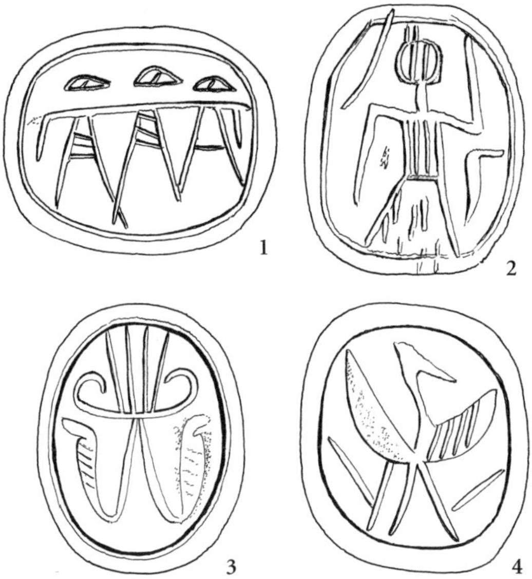

38,1–4: Besonders typisch für Jerusalem und Judäa im ausgehenden 10. und 9. Jh. v. Chr. sind grob gekerbte Knochensiegel, die rituelle Tänzer und ägyptisierende Motive wie den Verehrer vor der Kartusche mit dem Königsnamen (die hier fehlt), eine von Uräen flankierte Palmette und den Horusfalken mit gespreizten Schwingen und Klauen zeigen.

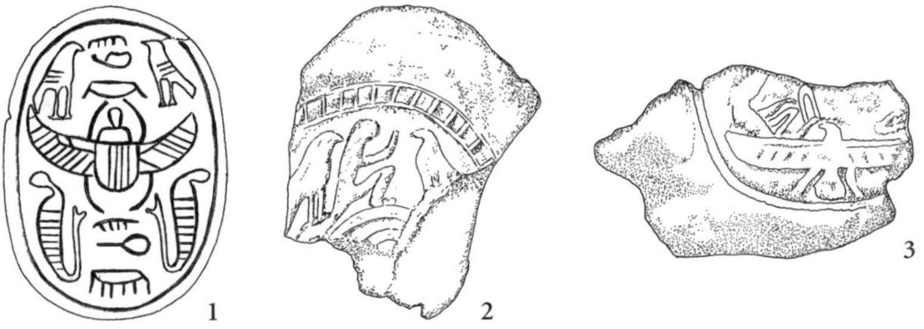

39,1–6 Die Glyptik, die sich vor allem im israelitisch-phönizischen Norden findet, bevölkern hauptsächlich Sonnensymbole wie der geflügelte Skarabäus, der von Falken und Uräen flankiert wird (**39**,1), hockende Affen oder Menschen, die Falken verehren (**39**,2), Sonnenscheiben und Falken mit ausgebreiteten Schwingen (**39**,3), Pseudohieroglyphen, vor allem das Symbol der aufgehenden Sonne (**39**,4–5) und ein Greif, der das Lebenszeichen schützt (ca. 900–800 v. Chr.).

1 2 3

40,1–3 Bisher nur für Jerusalem belegte Siegel mit Architekturelementen wie protoaeolischen Kapitellen und der »Krone« eines stilisierten Baumes, der sich auf einem Siegel aus Megiddo von Greifen flankiert findet (**40**,3; vgl. **39**,1), dürften Siegel der Palast-Administration gewesen sein (ca. 900–800 v. Chr.).

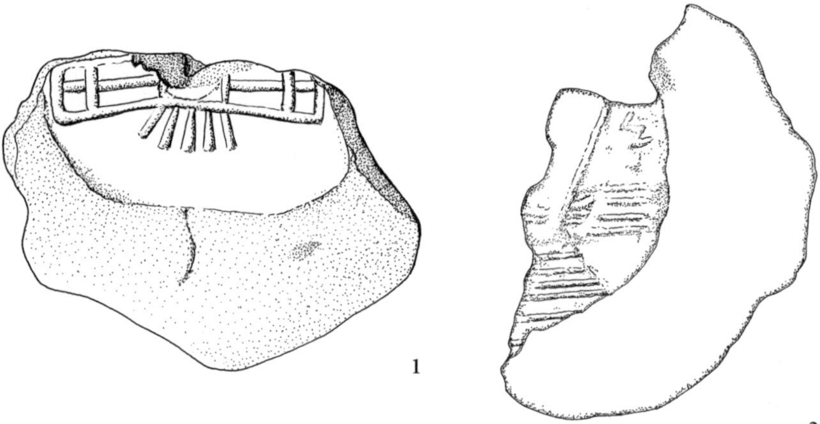

1 2

41,1–2 Geflügelte und geschwänzte Sonnenscheiben als Haupt- oder gar einziges Motiv nehmen die Ikonographie der *lamelek*-Stempelabdrücke (vgl. **Abb. 48**,1–3) vorweg (900–800 v. Chr.).

Sonnenscheibe darüber bzw. davor (**Abb. 42**). Das ungewohnte Motiv könnte das Kultsymbol des Sonnengottes im salomonischen Tempel darstellen (vgl. **Abb. 32**). Als solches würde es erklären, warum am Ende des 8. Jh. v. Chr. die geflügelte Scheibe ein zentrales Motiv der judäischen Verwaltung war (s. unten). Das schiffartige Gebilde, in dem der Thron von **Abb. 42** steht, findet sich auf zeitgenössischen ägyptisierenden Skarabäen mit dem Pharao als Sonnengott. Einmal mehr verbinden sich in Jerusalem ägyptische und vorderasiatische (leerer Thron) Elemente (zu den eben diskutierten Funden vgl. weiter Keel 2012: 317–323; Singer-Avitz 2012).

Für David und Salomo werden nur sehr summarisch und vage je 40 Regierungsjahre (eine Generation!) angegeben. Mit dem Nachfolger bzw. mit den Nachfolgern Salomos, mit Rehabeam und Jerobeam I., setzen genaue chronologische Angaben ein, in der Regel zum Alter, in dem der judäische Thronanwärter König wurde, und wie lange er regiert hat (1Kön 14,21). Mit dem Nachfolger Rehabeams, Abija, wird zum ersten Mal ein Synchronismus mit dem Nordreich genannt: »Im 18. Jahr des Königs Jerobeam […]« (1Kön 15,1). Diese präzisen Angaben können nicht Teil einer münd-

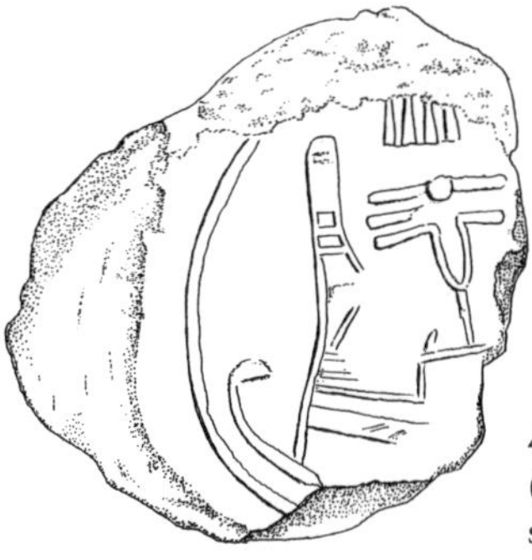

42 Leerer Thron mit Sonnenscheiben-Standarte (vgl. **Abb.** 32), vielleicht das Kultobjekt des salomonischen Tempels (ca. 900–800 v. Chr.).

43 Der leere Thron von **Abb.** 42 steht in einer Art Schiff. Das gleiche Element findet sich auf zeitgenössischen Skarabäen, die den Pharao als Sonnengott im Sonnenschiff zeigen (ca. 900–800 v. Chr.).

lichen Überlieferung sein, sondern müssen schriftlichen Quellen entstammen. Bei ihrer Umsetzung in eine kohärente Chronologie gibt es allerdings zahlreiche kleine Probleme. Verschiedene Lösungsversuche führen zu verschiedenen Resultaten, die sich aber nur um wenige Jahre unterscheiden.
Mit dem Denkmal für den Palästinafeldzug des Pharaos Scheschonq I. (ca. 945–924 v. Chr.) an einer Tempelwand in Karnak in Oberägypten steht der erste außerbiblische Synchronismus zur Verfügung, und zwar einer mit der ägyptischen Chronologie, die für diese Zeit allerdings auch nicht auf das Jahr genau gesichert ist. Der Feldzug dürfte ungefähr um 925 v. Chr. anzusetzen sein. Jerusalem scheint sich Scheschonq unterworfen und Ägypten Tribut bezahlt zu haben, wenn auch eine Notiz in 1Kön 14,25f das als Raub darstellt. Jerusalem erscheint jedenfalls nicht auf der Liste der eroberten Städte. Sich freizukaufen bzw. Bündnispartner zu kaufen wurde von Jerusalem immer wieder praktiziert (vgl. z. B. 1Kön 15,18; 2Kön 16,8; Jes 30,6f). Auf eine positive Beziehung Jerusalems zu Ägypten im ausgehenden 10. und im 9. Jh. v. Chr. lassen die judäischen Knochensiegel schließen, die zum Teil für die Anfänge der 22. Dyn. typische Motive aufweisen (**Abb. 44**) und von denen verhältnismäßig viele in Jerusalem gefunden worden sind (vgl. **Abb. 38**,1–4).
Im Gegensatz zu Jerusalem scheint das neu errichtete Nordreich auf Konfrontationskurs mit Scheschonq gegangen zu sein. Scheschonq mag dessen Gründer, Jerobeam I., dem Ägypten Exil gewährt hatte, als Vasall betrachtet haben. Jerobeam seinerseits scheint nicht gewillt gewesen zu sein, sich Scheschonq zu unterwerfen, nachdem er sich gegen die Vorherrschaft Jerusalems aufgelehnt hatte. Der JHWH-Kult mit dem Stierbild, den Jerobeam in Bet-El einrichtete (1Kön 12,26–33), hatte als Gründungsmythos den Auszug und die Befreiung aus Ägypten. Dieser Gründungsmythos mag sich ebenso sehr gegen die Versuche Salomos, eine Administration aufzubauen, wie

44,1–7 Grob gekerbte Siegel aus Knochen sind typisch für das Judäa und Jerusalem des 9. Jh. v. Chr. (vgl. **Abb.** 38,1–4). Gelegentlich werden einzelne Stücke auch weit außerhalb dieses Gebiets gefunden, wie z. B. 44,1 in Dan. Auf manchen sind Pseudokartuschen mit Zeichen eingraviert, die an Scheschonq erinnern (44,1 und 6–7), der um 925 v. Chr. einen Palästinafeldzug unternahm. Angesichts der auf Knochensiegeln dominierenden Königsmetaphorik (vgl. 44,3–5 vom Tell el-Farʿa-Süd, aus Lachisch und Geser) ist der »Bock« auf dem Siegel vom Gihon (44,2) in der übertragenen Bedeutung von *attud* »Ziegenbock« her als Bild für einen »Gewalthaber« zu interpretieren. Zwei weitere Knochensiegel aus Jerusalem (44,6–7) zeigen zwei Kartuschen nebeneinander, wie sie häufig auf Skarabäen Scheschonqs I. gefunden werden.

gegen Ägypten gerichtet haben. Die Überlieferung stilisiert Jerobeam als neuen Mose, den Befreier aus Ägypten.

Den Nachfolgern des Salomo-Sohnes Rehabeam, Abija (916–914 v. Chr.) und Asa (914–874 v. Chr.), gelang es, gegen die Nachfolger Jerobeams I., Nadab und Bascha, die Grenze Judas etwas nach Norden zu verschieben und Jerusalem so einen nördlichen Vorraum von etwa 12 km Tiefe zu verschaffen.

Eine Notiz aus der Zeit Asas berichtet von einem Schockbild (**Abb. 45**), das die Königinmutter für die Göttin Aschera habe aufstellen lassen und das ihr Sohn als unstatt-

45 Neben einer dieser Inschriften von Kuntillet Adschrud, die JHWH und Aschera nennen, sind zwei ithyphallische Besfiguren zu sehen. Das »Schandbild«, das die Königinmutter Maacha für Aschera im Tempel aufstellen ließ (1Kön 15,13), könnte eine ithyphallische Besfigur gewesen sein. Bes war ein Gott, der auf den Schutz der schwangeren und stillenden Frauen spezialisiert war (um 800 v. Chr.).

haft entfernen ließ (1Kön 15,13). Die Episode bezeugt die Existenz eines Aschera-Kults in Jerusalem um 900 v. Chr. Vielleicht repräsentierten schon die beiden Steinstelen in der Lade JHWH und Aschera (s. oben). Die Verehrung beider Gottheiten wird für etwas spätere Zeit durch Inschriften aus Chirbet el-Kom und Kuntillet Adschrud im Süden Judas bezeugt, wo Formeln mit den Gottheiten JHWH und Aschera als Segnende bekannt geworden sind.

Die Herrschaft des Hauses Omri (ca. 886–842 v. Chr.) hat dem Nordreich nach der Unsicherheit der Anfänge eine Zeit der Blüte und mit der Gründung Samarias eine dauerhafte Residenzstadt gebracht. Statt auf Konfrontation setzte die neue Dynastie auf Kooperation mit seinen Nachbarn, mit den Aramäern im Nordosten und mit den phönizischen Städten im Westen und Nordwesten. Letztere führte zur Heirat des Omrisohnes Ahab mit der phönizischen Prinzessin Isebel. Die neu initiierte Kooperation mit Juda gipfelte in der Heirat des judäischen Thronfolgers Joram (849–842 v. Chr.) mit der Omritochter Atalja (vgl. Sergi 2013). Die ganze Frustration und Gehässigkeit der traditionalistischen Kreise gegen diese Entwicklung entlud sich auf die beiden »fremden Frauen«, Isebel und Atalja.

Die unter Atalja gepflegte Kooperation mit dem Nordreich scheint sich in Jerusalem auch architektonisch niedergeschlagen zu haben. Die im Nordreich weit verbreiteten, aus Hazor, Megiddo und Samaria bekannten protoäolischen Volutenkapitelle sind gleichfalls in Jerusalem (und unweit von Jerusalem in Ramat Rahel) gefunden worden. Sie haben einen interessanten Niederschlag in der lokalen Glyptik erfahren (vgl. **Abb. 40**,1–3). Vielleicht kann man außerdem den großen Anteil phönizisch-israelitischer Glyptik am Siegel- und Bullen-Fund vom Gihon (vgl. **Abb. 39**, 1–6) auf die intensiven Kontakte mit dem Nordreich zur Zeit Ataljas zurückführen. Manche Elemente aus dem oben kurz vorgestellten Glyptikfund der Gihon-Grabung sind jedoch älter als die Zeit Ataljas und lassen sich nicht als Einfluss des Nordreichs erklären.

Aus dem ausgehenden 9. Jh. v. Chr. finden sich auch öffentliche Bauten in Arad, Beerscheba und vor allem in Lachisch, die auf ein Erstarken der judäischen Kapitale und ihrer Verwaltung hin gedeutet werden können.

Die Kooperation mit dem Nordreich fand ein Ende mit der Ausrottung des Hauses Omri durch Jehu (ca. 842–815 v. Chr.). Ihm fielen auch der Sohn Ataljas, Ahasja, und die anderen judäischen Prinzen bis auf den minderjährigen Joasch zum Opfer (2Kön 9,27 und 10,12–14). Später hat das fremdenfeindliche Deuteronomistische Geschichtswerk diesen Mord an den Kindern unsinnigerweise der Mutter bzw. Großmutter, Atalja, angelastet (2Kön 11,1). Atalja regierte dann ca. sechs Jahre selber. Ähnlich traditionalistische Kreise wie jene, die im Nordreich die Omridynastie ausgerottet haben, ermordeten dann auch Atalja (2Kön 11,13–16). Ihr Nachfolger, der erst siebenjährige Joasch (836–797 v. Chr.) bzw. dessen Vormund, der Priester Jojada, organisierte eine umfangreiche Tempelrenovation (2Kön 12,5–17). Der von Salomo erbaute Tempel war damals bereits rund 100 Jahre alt. Die Episode zeigt einmal mehr die enge Verbindung zwischen dem Königshaus und dem Tempel JHWHs, die nicht nur für Jerusalem typisch ist.

Das Ende der Kooperation zwischen Samaria und Jerusalem führte zu neuen kriegerischen Verwicklungen, in die sich auch die Aramäer einmischten. Die lange Regierungszeit Jerobeams II. (784–744 v. Chr.) im Nordreich und die Asarja/Usijas im Südreich (779–738 v. Chr.) bedeuteten eine Pause vor dem Einbruch der Assyrer, der das Gesicht der Levante verwandelte.

7. Die Herrschaft Assurs über Jerusalem und der Prophet Jesaja (ca. 730–625 v. Chr.)

Eine neue Entwicklung bahnte sich in der zweiten Hälfte des 8. Jh. v. Chr. an, das Phänomen der »Schriftpropheten«. Propheten, die im Namen einer Gottheit eine Botschaft vortrugen, sind für den Alten Orient zu verschiedenen Zeiten an verschiedenen Orten (Mari, Byblos, Assur) und so auch in Israel bezeugt (Samuel, Natan, Elija, Elischa). Neu an den Propheten, die in Israel und Juda seit der 2. Hälfte des 8. Jh. v. Chr. zu wirken begannen, ist ihre schriftliche Hinterlassenschaft, die durch die Bildung von Jünger- und Schülerkreisen ermöglicht wurde. Diese schrieben die Worte des Meisters nicht nur auf und tradierten sie, sondern legten sie über lange Zeit auf neue Situationen hin aus und ergänzten sie gelegentlich. In Jerusalem wird dieses Phänomen zum ersten Mal im letzten Drittel des 8. Jh. v. Chr. in der Gestalt Jesajas fassbar. Unter seinem Namen sind uns pointierte, gekonnt poetisch formulierte Stellungnahmen zu zeitgenössischen Ereignissen überliefert, die über Jahrhunderte hin neu interpretiert und ergänzt wurden. Da die Nachfolger nicht selten den Stil des Meisters imitierten, ist es oft schwierig, die ursprünglichen Prophetenworte von den Hinzufügungen der Späteren zu unterscheiden. Die exegetischen Diskussionen zwischen denen, die dem Propheten umfangreiche Teile zuschreiben,

46,1–2 Stempelsiegel-Amulett aus Lachisch, das einem Schefatjahu, (Sohn) des Asajahu gehörte. Oben ist ein Uräus (Saraf) zu sehen, der seine zwei Flügel nach vorn ausbreitet, um ein Lebenszeichen, das Leben des Siegelbesitzers, zu schützen. Das Stempelsiegel, das dem Samak, (dem Sohn) des Zefanjahu gehörte und von dem zwei Abdrücke in Lachisch und einer in Jerusalem gefunden worden sind (**46**,2) zeigt den in Ägypten unbekannten, für Jerusalem und Judäa aber zur Zeit Jesajas am Ende des 8. Jh. v. Chr. typischen vierflügligen Uräus (Saraf).

und denen, die das meiste auf seine Jünger zurückführen, verlaufen oft extrem kontrovers.

In einer Vision, die dem Propheten Jesaja im Todesjahr des Königs Asarja/Usijahu (ca. 738 v. Chr.) zuteil geworden sein soll, sieht er JHWH riesengroß im Tempel bzw. im Himmel thronen (Jes 6). Dabei wird JHWH nicht zwischen zwei Kerubim sitzend geschildert (vgl. **Abb. 22** und **33**), wie man das aufgrund von 1Kön 6,23–28 erwarten würde. Eine andere Art von Mischwesen visualisiert seine Furcht erregende Macht, die Serafim. *Saraf* (Singular) bzw. *Serafim* (Plural) bezeichnet eine Schlangenart, wahrscheinlich die Speikobra, die ihr brennendes Gift in die Augen ihrer Opfer speit. *Saraf* heißt »Verbrenner«. Sie ist wohl mit dem ägyptischen Uräus identisch, der meist ohne Flügel, gelegentlich, um seine Schutzmacht zu symbolisieren, mit Flügeln ausgestattet dargestellt wird. Als im ägyptischen Alexandria im 3. Jh. v. Chr. die hebräischen Schriften ins Griechische übertragen wurden (s. unten), übersetzte man *Saraf*, ob ungeflügelt (Dtn 8,15; Num 21,6.8) oder geflügelt (Jes 14,29; 30,6), mit *ophis* »Schlange«. Einzig in der Vision von Jes 6 ließ man das hebräische *serafim* absichtlich unübersetzt. Der Ausdruck blieb so für die griechisch sprechenden Juden und die Heiden in Alexandria unverständlich. Man hat sich diese Serafim schon bald als eine Art menschengestaltiger Engel mit sechs Flügeln vorgestellt. Die Übersetzer wollten nicht, dass ihr Publikum sich JHWH wie einen ägyptischen Gott oder den Pharao vorstellten, die von geflügelten Uräen beschützt wurden. Seit dem 3. Jahrtausend v. Chr. erscheint der Uräus in Ägypten unzählige Male an der Stirn von Gottheiten oder von Pharaonen. Er signalisiert die Unantastbarkeit und das Anderssein, die Heiligkeit der so ausgezeichneten Gestalten. Zur Zeit Jesajas war es unter Judäern und Jerusalemern üblich, auf dem Siegel mit dem eigenen Namen einen schützenden zwei- oder gar vierflügligen Uräus/Saraf gravieren zu lassen (**Abb. 46**,1–2).

Jesaja sieht JHWH sogar von sechsflügligen Serafim umgeben, die mit ihrem dreifach gezischten *qadosch* »heilig« die Unnahbarkeit und Unantastbarkeit JHWHs

verkünden, des »Heiligen Israels«, wie er im Jesajabuch immer wieder heißt. Allerdings modifiziert der Prophet das bei seinen Zeitgenossen beliebte Symbol. Statt dass die Serafim mit ihren Flügeln JHWH schützen, schützen sie sich mit ihnen vor ihm.
Unter dem Namen Jesaja ist ein umfangreiches Buch von 66 Kapiteln überliefert. Da man einem Propheten zutraute, weit und deutlich in die Zukunft sehen zu können, hatte man keine Mühe damit, ihn zu späteren Ereignissen und Personen bis zum Perserkönig Kyrus im 6. Jh. v. Chr. (vgl. Jes 45,1) explizit Stellung nehmen zu lassen. Einem weniger mirakulösen Prophetenverständnis entsprechend, werden ihm seit dem 19. Jh. n. Chr. in der Regel nur noch ein Bruchteil des umfangreichen Corpus zugesprochen. Als authentische Worte gelten vor allem jene, die sich mit den Ereignissen seiner Lebenszeit am Ende des 8. Jh. beschäftigen. Jesaja war der jüngere Zeitgenosse der im Nordreich tätigen Schriftpropheten Amos und Hosea. Amos dürfte ihn in seiner frühen Verkündigung zu Sozial- und Kultkritik angeregt haben (vgl. z. B. Am 5,21–27 mit Jes 1,10–17). Mit Hosea – ob er von ihm wusste oder nicht – teilte er die Praxis, seinen eigenen Kindern symbolisch-kerygmatische Namen zu geben (vgl. z. B. Hos 1,4.6.9 mit Jes 7,3.14; 8,1.3). Wichtig für den jungen Jesaja war auch die Sonnengott-Tradition (s. oben Sodomgeschichte).
Seine ganz eigene Thematik fand der Prophet in Zusammenhang mit der Assyrergefahr. Versuche, dem Propheten nur eine bestimmte Art von Äußerungen, z. B. Gerichtsworte (H.W. Wolff, R. Kilian) oder Heilsorakel (U. Becker) zuzugestehen, sind zu ideologisch. Die während seiner langen Tätigkeit rasch wechselnden Ereignisse und Konstellationen spiegeln sich in seinen Stellungnahmen. Für diese kennzeichnend sind eine realistische Einschätzung der jeweiligen Situation. Neu ist der konsequent artikulierte Glaube an die souveräne Lenkung der Weltereignisse durch JHWH, inklusive der gegen Israel gerichteten Schachzüge der assyrischen Großmacht. Diese wird in Jes 7,20 als JHWHs »Schermesser«, in 10,15 als seine »Axt«, seine »Säge«, sein »Stab«, kurz als sein Werkzeug bezeichnet. Im Jeremiabuch wird dann der Babylonierkönig Nebukadnezzar »Knecht« JHWHs genannt (Jer 27,6; 43,10). Ein Prophet der Exilszeit, der so genannte Deuterojesaja, wird sich in der Tradition Jesajas sogar dazu versteigen, den Perserkönig Kyros als »Gesalbten JHWHs«, als Messias zu feiern (Jes 45,1). Von Juda bzw. Israel fordert der »Heilige Israels« in einem eingängigen Wortspiel ausschließliches Vertrauen: *im lo ta'aminu lo te'amenu* »Wenn ihr nicht vertraut, bleibt ihr nicht!« (7,9). Dabei handelt es sich nicht nur um ein privates, inneres Vertrauen, sondern um eines mit realpolitischen Konsequenzen, das z. B. Militärbündnisse mit Ägypten ausschließt: »Nur in Umkehr (zu JHWH) und Ruhe liegt eure Rettung, nur Stille und Vertrauen verleihen euch Kraft« (30,15). Jesaja vertritt damit nicht einen irrationalen Quietismus, sondern sieht angesichts der realen Machtverhältnisse im Stillehalten den Positionsbezug, der Juda und Jerusalem am wenigsten schadet, eine Art gläubige Neutralität.
Jesaja vertritt einen impliziten Monotheismus, eine Art Monotheismus in Latenz, insofern JHWH für ihn der einzige Herr der Geschichte ist, der einzige, von dem nicht nur das Schicksal Israels, sondern das aller Völker abhängt. Keine anderen Gottheiten, weder kanaanäische noch ägyptische, treten bei ihm in Erscheinung, auch nicht in polemischen Äußerungen. Das ist der Epigraphik Jerusalems und Judas konform, die im letzten Viertel des 8. Jh. v. Chr. zum ersten Mal auftaucht. Fast plötzlich gibt es

1

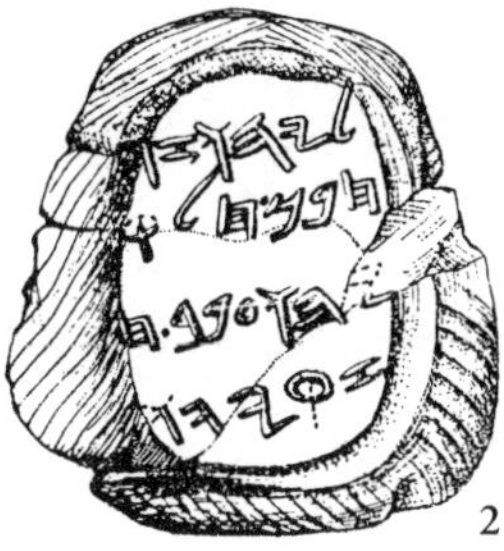

2

47,1–2 Das Siegel des Jo'ur »JHWH ist Licht« (**47,1**) und der Siegelabdruck des Jehozarach »JHWH geht auf (wie die Sonne)«, des Sohnes des Hilqijahu, des Ministers des Hisqijahu (**47,2**), weisen ausschließlich JHWH-haltige Namen auf und verbinden JHWH mit einem Sonnensymbol (Skarabäus), Sonne (*zarach*) und Licht (um 700 v.Chr.).

nun in Jerusalem zahlreiche mit Eigennamen gravierte Siegel. Die Namen auf den Siegeln zeigen eine nahezu ausschließliche Dominanz JHWHs. Die meisten Namen sind mit Kurzformen von JHWH wie *jo*, *jeho*, *jaw*, *jahu* und *jah* als theophorem (gottesnamenhaltigem) Element gebildet. Dieser JHWH ist, wie schon die Frühverkündigung Jesajas und die Ikonographie der privaten und der königlichen Glyptik zeigen, ein stark solarisierter JHWH (**Abb. 47** und **48**; vgl. Ornan 2005).

Mit dem Assyrerkönig Tiglat-Pileser III. (ca 745–727a) begann die direkte Konfrontation Israels mit der Großmacht Assur (**Abb. 49**). Das Verhalten ihr gegenüber wurde zur Zeit Jesajas zum vorrangigen politischen Thema in Jerusalem. Die vom Vormarsch Assurs direkt bedrohten Staaten Damaskus und Samaria versuchten 734 v.Chr. im so genannten syrisch-efraïmitischen Krieg Juda gegen den Willen seines Königs Ahas zu zwingen, einer antiassyrischen Koalition beizutreten (vgl. dazu 2Kön 16,5; Jes 6,1–7; 7,3–7.14b.16; 8,1–4.16.18). Entgegen den Warnungen und Ermutigungen Jesajas, die sich in den Symbolnamen seiner Kinder inkarnierten, suchte der verängstigte Ahas sein Heil in der Flucht nach vorn und bot Tiglat-Pileser III. an, sein Vasall zu werden (2Kön 16,7–18). Jesaja geißelte dieses Vorgehen als Misstrauenskundgebung gegenüber JHWH. Damaskus und Samaria betrachtete Jesaja als »zwei rauchende, aus dem Feuer gezogene Scheite«, die in den Augen des Propheten keine Gefahr für Juda darstellten. Der Schritt des Königs Ahas, gegen sie den Schutz Tiglat-Pilesers zu kaufen, war in den Augen Jesajas überflüssig und für Juda schädlich. Tatsächlich ging Tiglat-Pileser III. gegen Damaskus und das Nordreich im Zuge seiner Expansionspolitik vor, und das nicht, weil Ahas, sein freiwilliger Vasall, ihn darum gebeten hatte. Jesajas Einschätzung der assyrischen Bedrohung deckt sich auf weite Strecken mit den Darstellungen der assyrischen Propaganda.

Jesaja warnte mit der eindrücklichen prophetischen Zeichenhandlung des Nacktgehens (Kriegsgefangene) den Nachfolger Ahas', Hiskija, vor einer Beteiligung Judas am antiassyrischen Aufstand Aschdods von 713–711 v.Chr. (Jes 20), anscheinend mit Erfolg. Dem Anführer des Aufstands, dem König von Aschdod, blieb bald nur noch die Flucht nach Ägypten. Die dort neu an die Macht gekommene 25. Nubische Dynastie lieferte ihn aber an Assur aus, da sie – im eigenen Land noch wenig gefestigt – keinen Ärger mit dem mächtigen Assur wollte. Das sollte sich bald ändern.

Jesajas Kritik an Assurs Überheblichkeit zeigt, dass seine »proassyrischen« Positionen nichts mit denen einer »fünften Kolonne«, sondern mit seiner realistischen

48,1–8 Drei Abdrücke von Stempeln der königlichen Verwaltung Hiskijas, die über der geflügelten Sonnenscheibe *la-mælæk* »für den König« und unter der Scheibe den Namen eines Produktions- oder Verwaltungszentrums wie Hebron, Soko, Mamschet oder Zif zeigen (**Abb. 48**,1–3). Nebst der geflügelten Scheibe erscheint auf der judäischen Glyptik um 700 v. Chr. der zweiflüglige (**Abb. 47**,1) oder vierflüglige Skarabäus (**48**,4). Dieser ist auch auf den *la-mælæk*-Stempeln zu sehen (**48**,5–6). Der zweiflüglige Käfer erscheint überraschenderweise auch auf zwei Bullen mit der Inschrift »Dem Hiskija (Sohn) des Ahas, König von Juda, gehörig« (721–693 v. Chr.).

Einschätzung der Lage zu tun hatten. Letztere hat sich auch in seiner Mahnung bewährt, der Tod Tiglat-Pilesers III. (im Jahre 727 v. Chr.) sei kein Grund zur Freude (Jes 14,29). Dessen Nachfolger, Salmanassar V. und Sargon II., verwandelten 722/721a das Nordreich in assyrische Provinzen und zerstörten Samaria. Die Flüchtlinge aus Samaria führten zu einem schnellen und unkontrollierten Wachstum Jerusalems.

Erstmals in der Stadtgeschichte wurde nun der West-Hügel besiedelt (vgl. **Abb. 6**,3). Manche Historiker datieren dieses Wachstum allerdings erst in die Zeit Manasses, d. h. ins 7. und nicht ans Ende des 8. Jh. v. Chr. Der Hiskija-Tunnel (vgl. **Abb. 12**) und die *la-mælæk*-Stempelabdrücke (vgl. **Abb. 48**,1–3 und 5–6) dokumentieren aber, dass Hiskija beträchtliche Anstrengungen unternahm, Jerusalem gegen einen assyri-

49 Die assyrische Armee greift eine von äußeren Mauern und einer Akropolis geschützte Stadt an. Belagerungsrampen, Rammböcke und Infanteristen werden eingesetzt und dringen unaufhaltsam vor. Der massiv eingesetzte Bedeutungsmaßstab (Größe der assyrischen Infanteristen!) macht ihre Überlegenheit deutlich. Relief aus der Zeit Sargons II. (721/720–705 v. Chr.).

schen Angriff zu wappnen. So dürfte auch die Befestigung der neuen Stadtteile im Westen Jerusalems sein Werk gewesen sein.

Die Erstellung der Verteidigungsbereitschaft scheint besonders in der Schefela zu einem Machtzuwachs der Beamten geführt zu haben, deren Übergriffe einer der Dorfältesten von Moreschet Gat, Micha von Moreschet, scharf geißelte. Er drohte Jerusalem den Untergang an, eine Drohung, die hundert Jahre später, nachdem die Uneinnehmbarkeit Jerusalems eine Art Dogma geworden war, schwersten Anstoß erregte (vgl. Jer 26,18). Im Rahmen der Erstellung der Verteidigungsbereitschaft ist wohl auch der Ausbau der »geistigen Landesverteidigung« zu sehen, die im Sammeln und Bearbeiten der eigenen Traditionen (Spr 25,1) und vielleicht auch jener bestand, die Flüchtlinge aus dem Nordreich nach Jerusalem gebracht hatten.

Die Zerstörung der ägyptisch inspirierten »Ehernen Schlange« (**Abb. 50**) durch Hiskija, die das Deuteronomistische Geschichtswerk programmatisch an den Anfang seiner Regierungszeit gestellt hat (2Kön 18,4), dürfte erst nach 701 v. Chr. erfolgt sein und mit der Enttäuschung über die Wirkungslosigkeit der ägyptischen Hilfe beim Versuch, die Assyrer abzuwehren, zusammengehängt haben. Es war wohl mehr ein politischer Akt als Teil einer umfassenden religiösen Reform, zu der sie das Deuteronomistische Geschichtswerk hochstilisiert. Eine solche hat erst rund 80 Jahre später nach dem Zusammenbruch des Assyrerreiches unter König Joschija stattgefunden.

Als Sargon II. 705 v. Chr. in Kleinasien – als einziger assyrischer König – im Kampf fiel, sah man im äußersten Südosten (Babylon, Elam) und im Südwesten (südliche Levante) die Zeit gekommen, den Aufstand zu wagen und das assyrische Joch abzuschütteln. Damit begann eine Ereignisfolge, deren Bedeutung für die Entwicklung der judäischen Theologie fast nicht überschätzt werden kann. Im Südwesten wurde Jerusalem seiner zentralen Lage entsprechend zusammen mit Aschkelon zur treibenden Kraft der antiassyrischen Erhebung. Eine enge Zusammenarbeit mit der in Ägypten definitiv zur Macht gelangten 25. Dynastie sollte das Bündnis massiv stärken. Die Bedeutung und die Möglichkeiten einer ägyptischen Unterstützung wurden hoch eingeschätzt. Ägypten galt, wie der kulturelle Einfluss (Glyptik) in Jerusalem und Juda während des ganzen 9. und 8. Jh. zeigt, immer noch als Großmacht. Jesaja vertrat nur eine Minderheit, wenn er die Boten, die zwischen Jerusalem und Ägypten hin und her gingen, und die Geschenke, die von Jerusalem nach Ägypten geschickt wurden, mit beißendem Spott übergoss (Jes 30,1–7; 31,1–3). Wieder gerät Jesaja mit seiner Charakterisierung Ägyptens als »Volk, das nichts nützt«, in die Nähe der assyrischen Propaganda (Kreuch 2011). Er hat aber mit seiner Position weitgehend Recht behalten. Als Sanherib 701 v. Chr. mit einer großen Armee gegen Westen zieht, bleiben Juda und Jerusalem sehr schnell allein mit ihrem Widerstand. Der ungleiche Kampf zwischen »David und Goliat« gehört zu den bestdokumentierten Ereignissen der altorientalischen Geschichte. Archäologische Funde besonders in Lachisch, assyrische Reliefs aus Ninive, die heute im Britischen Museum in London zu sehen sind, assyrische und biblische Annalennotizen und manche Stellen im Jesajabuch bezeugen und beleuchten die Ereignisse aus verschiedenen Blickwinkeln. Der aufwendige Reliefzyklus, der detailliert die Einnahme von Lachisch darstellt, war im Thronsaal Sanheribs in Ninive zu sehen. Er zeigt eindrücklich, welch große Bedeutung der König diesem Sieg im äußersten Südwesten des Reiches, sozusagen an der Grenze zu Ägypten, beimaß. Er zeigt aber auch, dass er die Hauptstadt Judas, Jerusalem, nicht erobert hat. Die Assyrer verwüsteten ganz Juda und zerstörten alle seine Städte. Sie verschleppten einen großen Teil seiner Bevölkerung nach Assyrien ins Exil. Der erbitterte Widerstand Judas und ein Entlastungsangriff der Ägypter scheinen aber die Assyrer soweit geschwächt zu haben, dass sie auf eine Belagerung Jerusalems verzichteten und gegen ihre Gewohnheit die Unterwerfung Judas annahmen, ohne Jerusalem eingenommen und Hiskija grausam bestraft zu haben. Während Jesaja die Verwüstungen betrauerte, bahnte sich eine ganz andere Sicht der Dinge an. Das Davonkommen Jerusalems *in ultimis* wurde zunehmend radikaler als Triumph JHWHs und als Beweis für seine Einzigartigkeit gefeiert. Eine Wundergeschichte erzählte, dass der Engel JHWHs in einer Nacht vor Jerusalem 185 000 Assyrer erschlagen und Sanherib so zum Abzug gezwungen habe (2Kön 19,35; Jes 37,36). Diese realitätsfremde triumphalistische Überhöhung der

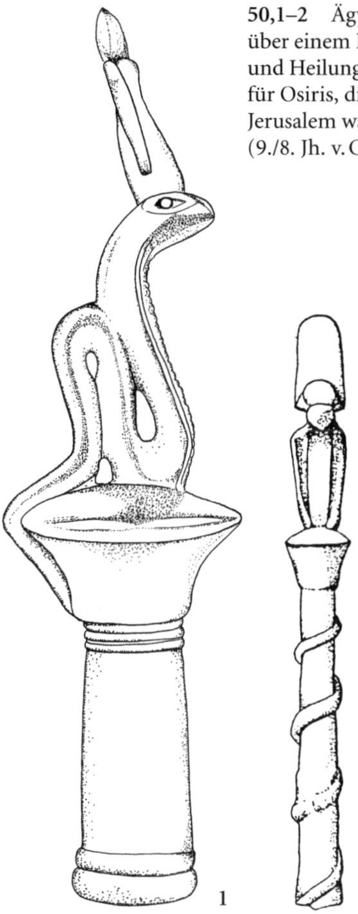

50,1–2 Ägyptische Bronzen mit einer Uräusschlange über einem Papyrusstengel, der Regeneration, Frische und Heilung symbolisiert. Die eine Schlange trägt die für Osiris, die andere die für Amun typische Krone. In Jerusalem war die »eherne Schlange« mit JHWH assoziiert (9./8. Jh. v. Chr. oder etwas später).

Ereignisse von 701 v. Chr. wird hundert Jahre später den weiteren Verlauf der Geschichte bestimmen.

Das Deuteronomistische Geschichtswerk erweckt den Eindruck, mit dem Abzug der Assyrer sei die assyrische Gefahr definitiv gebannt gewesen. Es ignoriert, dass Juda und sein König Vasallen Assurs waren und speziell schwere Abgaben zu bezahlen hatten.

Manasse, der Nachfolger Hiskijas, trug dieser Situation Rechnung und verzichtete auf jeden Aufstandsgedanken. Unter seiner klugen Führung erholten sich Juda und besonders Jerusalem allmählich. Da Jerusalem als einzige Stadt Judas 701 v. Chr. nicht zerstört worden war und seine Bevölkerung – wahrscheinlich dank der Flüchtlingswellen – sich innert kurzer Zeit vervielfacht hatte, ist Jerusalem wieder, was es schon in der Amarnazeit und nach der Reichsteilung war, eine Art starker Stadtstaat geworden, ein Zentrum mit einem einzig als Peripherie existierenden Umfeld.

Das national-religiöse Deuteronomistische Geschichtswerk stellt den von Jesaja schwer kritisierten, risikofreudigen Hiskija als Helden und den mit Assur kooperie-

renden Manasse als Verräter dar, dem alle denkbaren Frevel angelastet werden. Er wird als Anti-Hiskija stilisiert. Eine dem Deuteronomistischen Geschichtswerk nahe stehende Quelle macht ihn gar für den Untergang Jerusalems und des Tempels im Jahre 587/586 v. Chr. verantwortlich. Sein Fremdgötterkult soll diesen verursacht haben. Eher trifft jedoch das Gegenteil zu. Hätten die Herrscher hundert Jahre später so umsichtig gehandelt wie Manasse und die großräumigen geschichtlichen Realitäten akzeptiert, wäre Jerusalem nicht zerstört worden.
Das Deuteronomistische Geschichtswerk macht Manasse für alles, was es als Fremdkulte betrachtet, verantwortlich, so für den Aschera-Kult in Jerusalem (2Kön 21,3.7). Tatsache ist wohl, dass dieser seit der Gründung des salomonischen Tempels dort heimisch gewesen ist. Der vom Deuteronomistischen Geschichtswerk perhorreszierte Kult der nächtlichen Gestirne ist ebenso wie die enigmatischen Riten im Gehinnom Teil des aramäisch-assyrischen Einflusses, der unter der *pax assyriaca* mit aramäisch-assyrischen Soldaten, Beamten und Händlern nach Jerusalem gebracht wurde.
Für die Entstehung eines gelebten Monotheismus ist vor allem von Bedeutung, dass Juda und Jerusalem unter der assyrischen Besatzung mit der Institution der Vasallitätsverpflichtung bekannt wurden. Mit ihrer Hilfe versuchten die assyrischen Könige ihre Vasallen, wahrscheinlich auch Manasse von Juda, an sich und ihre Nachfolger zu binden. Unter schwersten Drohungen mussten sich diese verpflichten, keinen anderen Herrn als den assyrischen Großkönig ins Auge zu fassen, ihm allein loyal zu sein, »ihn zu lieben«, jeden Versuch, sie von diesem exklusiven Verhältnis abzubringen und etwa zu einer Hinwendung zum Pharao zu motivieren, erbarmungslos zu denunzieren und zu bestrafen, handle es sich auch um die eigene Frau oder die eigenen Kinder. Die Übertragung dieser Institution auf den JHWH-Glauben wird dessen Theologie und Religion tief und nachhaltig prägen, doch damit sind wir bereits beim nächsten Kapitel.

8. Der Fall Assurs und die Reorganisation Jerusalems und Judas unter Joschija (ca. 625–609 v. Chr.)

Nach der Unterwerfung Judas durch Assur, die der ägyptische Einsatz bestenfalls verzögern, aber nicht verhindern konnte, herrschte ein 30-jähriger »Waffenstillstand« zwischen Assur und Ägypten. Er dauerte bis 671 v. Chr. In diesem Jahr unternahm der Assyrerkönig Asarhaddon (680–669 v. Chr.) seinen ersten Ägyptenfeldzug und es ereignete sich das Unerhörte: Asarhaddon gelang es mit seinen Truppen die Sinaiwüste zu durchqueren und die alte ägyptische Hauptstadt Memphis zu erobern. Pharao Taharka floh nach Süden, wohin ihn zu verfolgen die Assyrer nicht die Kraft hatten. 669 v. Chr. begann Asarhaddon einen zweiten Ägyptenfeldzug, um die assyrische Herrschaft zu festigen. Im Spätherbst 669 starb er. Der energischen Königinmutter Naqia-Zakutu gelang es, an Stelle ihres Sohnes Asarhaddon ihren Enkel Assurbanipal (668–ca. 630 v. Chr.) auf den Thron zu setzen. Dieser Assurbanipal bzw. seine Feldherren schufen 664 v. Chr. die Sensation, das hunderttorige Theben in Oberägypten zu erobern und unermessliche Reichtümer zu gewinnen. Assur war auf dem Gipfel seiner Macht angelangt. Keine 10 Jahre später, 655 v. Chr. gelang es jedoch Psammetich I., dem Gründer der 26. ägyptischen Dynastie, das assyrische Joch von Ägypten abzuwerfen. Im übrigen aber schaffte es Assurbanipal bis zu seinem Tod um 630 v. Chr. Assurs Macht zu verteidigen und die Grenzen des Reiches zu halten.

Als Joschija, der Enkel Manasses, 638 v. Chr. achtjährig König wurde (2Kön 22,1), lag die Rückeroberung des abtrünnigen Babylon durch die Truppen Assurbanipals schon ca. zehn Jahre zurück (648 v. Chr.), die Niederschlagung der elamitischen Revolte und die Zerstörung Susas sieben Jahre (645 v. Chr). 643 v. Chr. fand eine assyrische Strafexpedition gegen Tyrus statt. Im Anschluss an die Araberkämpfe wurden Uschu, der auf dem Festland gelegene Teil von Tyrus, und Akko bestraft. Zur Aufrechterhaltung der assyrischen Herrschaft bedurfte es zwar dauernder Anstrengungen, Assur schien jedoch wie während der ersten Hälfte des 7. Jh. dazu weiterhin in der Lage zu sein. Die dafür notwendigen ständigen Kriegszüge bluteten Assur jedoch aus. Als Assurbanipal um 630 v. Chr. starb, hatten seine jeweils nur kurze Zeit regierenden Nachfolger die allergrößte Mühe die Herrschaft aufrecht zu erhalten. Ihre Anstrengungen richteten sich vor allem auf Babylon. In der Levante und in Juda war die assyrische Herrschaft bald nicht mehr spürbar. 612 v. Chr. erlag die assyrische Hauptstadt Ninive dem Ansturm der Babylonier und Meder. Ein Teil des assyrischen Heeres konnte sich unter Assuruballit II. in Haran im Westen halten, bis 609 v. Chr. auch dieser letzte Rest assyrischer Herrschaft ausgelöscht wurde.
Tatsächlich entstand deswegen in der südlichen Levante kein Machtvakuum, wie oft gesagt wird. Joschija bzw. seine Berater haben nur nicht realisiert, dass die 26. ägyptische Dynastie durch Necho II. (619–595 v. Chr.), den Nachfolger Psammetichs I., beanspruchte, vollumfänglich das Erbe Assurs in der Levante anzutreten. Necho unterstützte deswegen die verbliebenen assyrischen Kräfte gegen die Babylonier, um einen Puffer zwischen der neu entstehenden Großmacht Babylon und dem Anspruch Ägyptens auf die Levante zu schaffen. Die Missachtung des ägyptischen Anspruchs durch Joschija und seine Ratgeber hat diesen höchst wahrscheinlich das Leben gekostet. Necho ließ ihn nach Megiddo kommen und dort umbringen (2Kön 23,28–30). Vorerst aber hatte dieses Ignorieren der politischen Großwetterlage Juda die Motivation und Energie verliehen, sich nach dem Ende der assyrischen Vorherrschaft neu zu organisieren.
Es ist nahe liegend, dass bei dieser Neuorganisation eine Anzahl von Symbolen und Einrichtungen beseitigt wurden, die als typisch für die Herrschaft galten, von der man eben frei geworden war (2Kön 23). Dazu gehörten etwa die Pferde des Sonnengottes (2Kön 23,11; vgl. **Abb. 51**,1–2 und **58**,1). Allerdings fielen dieser Reinigung des Kults auch eine Reihe von Größen zum Opfer, die lange integraler Bestandteil des judäischen Kults gewesen waren, wie z. B. die Göttin Aschera (**Abb. 52**,1–6; 2Kön 23,4–15).
Dieser Prozess der »Kultreinigung« soll 622 v. Chr., als Joschija 24-jährig war, durch das Auftauchen einer normativen Schrift im Tempel radikalisiert und systematisiert worden sein. Das Auffinden dieser Schrift wird in 2Kön 22 nüchtern erzählt. Es ist von keinerlei mirakulösen Phänomenen begleitet. Die Schrift scheint primär aus Forderungen und schlimmen Drohungen im Falle ihrer Nichtbeachtung bestanden zu haben. Es könnte sich um ein »Urdeuteronomium« gehandelt haben, das nach dem Modell der assyrischen Vasallitätsverpflichtungen gestaltet war. Mose verpflichtete darin Israel unter Androhung schlimmster Sanktionen auf eine ausschließliche Bin-

1

2

51,1–2 Das Felsrelief von Maltai im nördlichen Zweistromland aus der Zeit Sanheribs (705/704–681 v. Chr.) und ein Stempelsiegel aus der gleichen Zeit stellen den Sonnengott auf einem Pferde stehend bzw. über einem solchen schwebend dar. Zum Pferd als Tier des Sonnengottes vgl. auch **Abb. 58**,1.

dung an JHWH. Ob die Auffindung einer solchen Schrift im Tempel historisch ist oder nicht, jedenfalls kam in Israel zur Zeit Joschijas die Vorstellung auf, Israel sei an JHWH gebunden wie assyrische Vasallen an den Großkönig.

Die Konsequenzen dieses Vorgangs können auf einige wenige Punkte reduziert werden. Zwei haben sich in der Folge immer wieder negativ bemerkbar gemacht. Ein *erster* problematischer Punkt ist, dass die exklusive Bindung an JHWH unter furchtbaren Flüchen steht, die teilweise von der aus der Nordreichprophetie stammenden Eifersucht der Liebe (Hosea), teilweise aber auch vom Machtanspruch diktiert sind, der u. a. hinter den erschreckenden Texten Dtn 13,7–12 und 28,20–44 steht, die wörtlich von den assyrischen Vasallitätsverpflichtungen abhängen. Der Machtanspruch ist von Haus aus der des assyrischen Großkönigs. Er ist in den genannten Texten kritiklos auf JHWH übertragen worden, der so mit Zügen eines altorientalischen Despoten ausgestattet wird. Israel hat also Bild und Anspruch exklusiver Loyalität vom Gegner übernommen. Diese unheimliche Patenschaft muss gesehen werden, wenn man nicht in eine unfruchtbare Apologetik verfallen will. Das Gesetz ist Weisung und Orientierung. Der Fluch ist nicht der Fluch des Gesetzes, sondern der Fluch der Macht, die ihren Anspruch um jeden Preis durchsetzen will. R. J. Thompson (2013) hat gezeigt, dass der Einfluss aggressiver assyrischer Herrschaftsrhetorik im Alten Testament weit über einige Kapitel im Deuteronomium hinausreicht.

Ein *zweiter* ebenso problematischer Zug ist die mit der Absonderung von den Göttern der anderen Völker verknüpfte Absonderung von diesen Völkern. Die Gesetze im Deuteronomium unterscheiden im Gegensatz zu den älteren Gesetzescorpora konsequent zwischen Israeliten und Fremden. Die jedem Volk eigenen Bräuche, die der Organisation der Ernährung, der Sexualität und der Arbeit dienen, erhalten in Is-

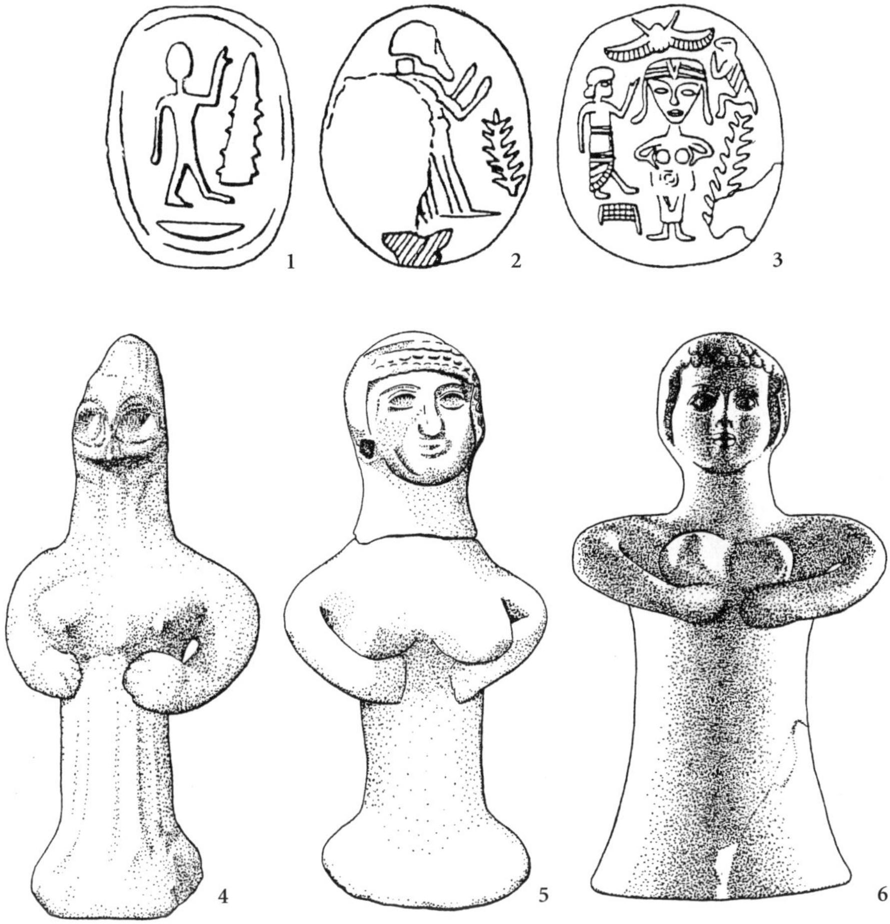

52,1–6 Drei Siegel-Amulette vom Tell el-Farʿa-Süd, aus Samaria und aus Lachisch zeigen je einen Mann, der verehrend vor einem Baumstrunk steht (dessen Äste abgehackt und als Segensträger mitgenommen worden sind) bzw. vor einem Baum bzw. vor einem Baum und einer anthropomorphen Göttin, die ihre Brüste hält (8./7. Jh. v. Chr.). Die zu dieser Zeit in fast jedem judäischen – auch Jerusalemer – Haus gefundenen Säulenfiguren (52,4–6) einer weiblichen Gestalt, die ihre Brüste als Symbole erotischer Lust (Spr 5,19) und göttlichen Segens präsentiert (vgl. Gen 49,25), werden zu Recht als Verkörperungen der einzig in der Hebräischen Bibel häufig genannten Göttin, nämlich Ascheras, verstanden, die sowohl anthropomorph wie auch als Baum (Dtn 16,21) vorgestellt werden konnte. Die komplizierte Löckchenfrisur war vielleicht die der Braut, der eine solche Figur zur Verstärkung und zum Schutz ihrer Weiblichkeit geschenkt worden sein dürfte.

rael als Äußerungen des despotischen Willens JHWHs religiöse Dignität. Die der Identität jedes Volkes zustehende Würde wird religiös überhöht und damit die schon von der griechisch-römischen Antike so feindlich vermerkte Absonderung von den Völkern eingeleitet. Den nichtisraelitischen Völkern wird eine fast ausschließlich negative Rolle zugedacht, wenn das auch nicht auf ganz alle Teile der deuteronomisch-deuteronomistischen Überlieferung zutrifft.

Neben diesen problematischen Konsequenzen haben die joschijanische Reform und die deuteronomisch-deuteronomistische Literatur für die Religions- und Theologiegeschichte ganz Judas, besonders aber für die Jerusalems, drei eher positive Folgen gehabt:

Die *erste* ist die zuerst aus der Nordreichprophetie und aus antiassyrischen Affekten geborene Reinigung des Kults von allerhand Elementen, die die Numinosität des Sexuellen und der natürlichen Fruchtbarkeit, die Numinosität der Gestirne, besonders der nächtlichen (Himmelsheer, Himmelskönigin), und die Numinosität des Todes und der Unterwelt (Tofet) zum Ausdruck brachten. Die Elimination bzw. Reinigung dieser »kanaanäischen« und assyrisch-aramäischen Kulte, welche die Immanenz des Göttlichen betonten, bereitete einer Transzendenz JHWHs den Weg, die eine Vergegenwärtigung in irgendwelchen irdischen Phänomenen verbot (Dtn 4,15–20). Sie bedeutete letztlich eine Befreiung von den *stoicheia tou kosmou*, »von den Elementen des Kosmos«, wie Paulus das im Galaterbrief nennen wird (4,3.9; vgl. Kol 2,8.20).

Die Transzendenzerfahrung verband sich mit der von der Nordreichprophetie und dem Denken in Vasallitätsverpflichtungen geforderten ausschließlichen Bindung an JHWH. Sie hat ihren folgenreichsten Ausdruck in den berühmten Sätzen gefunden: »Höre, Israel! JHWH, unser Gott, JHWH ist einzig. Darum sollst du JHWH, deinen Gott lieben mit ganzem Herzen (Denken), mit deinem ganzen Streben und so sehr du kannst« (Dtn 6,4f). Das war vorerst die ausschließliche Konzentration auf JHWH ohne die Leugnung der Existenz anderer Götter und ihrer Bedeutung für andere Völker.

Die *zweite* Folge ist die zuerst mit der Straffung der nationalen Kräfte und später mit der Einheit und Einzigkeit JHWHs verbundene Zentralisation des Kults in Jerusalem. Diese schuf den 597 und 587/586 v. Chr. Deportierten, Versprengten und Zerstreuten einen klaren Orientierungspunkt, nach dem sie sich ausrichten konnten (vgl. 1Kön 8,38.48; Dan 6,11), wie später die Moslems nach Mekka. Der Tempelplatz in Jerusalem bestimmt bis heute die Gebetsrichtung der Synagogen. Die Reflexion über den nach der Zerstörung des 1. Tempels neu zu errichtenden 2. Tempel als Zentrum des neuen Israel ist ein großes Thema der Ezechielschule (Ez 40–48). Dieser Tempel sollte von Kultgegenständen verschiedenster Art soweit gereinigt sein, dass man sich beim Wiederaufbau am Ende des 6. Jh. v. Chr. anscheinend nicht einmal mehr darauf einigen konnte, die in ihrer Orthodoxie nie bestrittene Lade und die Kerubim, auch nicht in modifizierter Form, wieder herzustellen. Das Tempelgebäude als solches wurde zur einzigen noch tolerierten Vergegenwärtigung JHWHs (Lev 26,1f). Dieser Prozess inaugurierte eine Tempelfrömmigkeit, wie sie dann z. B. in Ps 42 (**Abb. 53**) und in manchen Zionsliedern zum Ausdruck kommt.

Die *dritte* und vielleicht wichtigste Folge aber war, dass der im Gesetz formulierte Wille Gottes zum entscheidenden Medium des Gottesverhältnisses wurde, das die bis

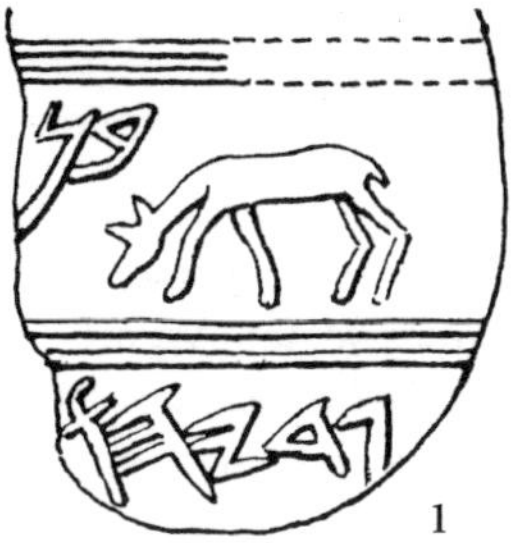

1

2

53,1–2 Auf der Bulle des Siegels des Sohnes eines Gaddijahu und auf dem Siegel eines Jirmejahu (Jeremia) ist eine grasende oder Wasser suchende Hirschkuh zu sehen, die an Ps 42,1 erinnert, wo sich der Beter auf seiner Suche nach Gott mit einer solchen vergleicht (7. Jh. v. Chr.).

anhin dominierenden Medien, Königtum und Tempel, auf den zweiten Platz verwies und zur Not entbehrlich machte. Das Deuteronomistische Geschichtswerk zieht diese Konsequenz allerdings noch nicht. Keimhaft wurde hier das auf der Treue zur Tora basierende Judentum initiiert (vgl. etwa Dtn 4,5–8). Der Bruch mit der altorientalischen Welt, in der König und Tempel die wesentlichen Mittler zwischen Gott und Menschen waren, wurde, wenn auch erst als Riss, sichtbar. Es ist Tatsache, dass die einzigartige Stellung Jerusalems und seines Tempels von einem geschriebenen Gesetz urgiert und gesichert wurde, und dadurch von diesem Gesetz abhängig und ihm untergeordnet worden ist. Dieses dem Tempel übergeordnete, geschriebene Gesetz, auf das Juda durch den Mose des Dtns verpflichtet wird, hat schon bei der ersten Zerstörung des Tempels im Jahre 587/586 v. Chr., ganz besonders aber nach der zweiten im Jahre 70 n. Chr., verhindert, dass das Judentum sich als Kultgemeinde auflöste, wie z. B. die Kultgemeinde Assurs und die Kultgemeinden anderer Gottheiten sich auflösten, nachdem deren Tempel definitiv zerstört worden waren.
Die nach Babylon deportierte und nach Ägypten versprengte Gemeinde bestand um das Gesetz – und wahrscheinlich auch um eine erste, in der Joschijazeit entstandene Fassung des Deuteronomistischen Geschichtswerks – geschart weiter und erlitt so nicht das Schicksal, das die JHWH-Gemeinde des Nordreichs 722 v. Chr. oder die Landjudäer, die 701 v. Chr. von Sanherib deportiert worden waren, erfahren hatten. Ohne »portatives Vaterland« (H. Heine) waren diese von ihrer neuen Umgebung assimiliert worden und im Großen und Ganzen aus der Geschichte verschwunden. Sie liegen dem Mythus von den 10 verschwundenen Stämmen Israels zugrunde, von denen man glaubte, sie seien noch irgendwo in der Welt vorhanden.
Die progressive Buchwerdung des Gesetzes ging im Rahmen einer generell intensivierten Schriftkultur vor sich. So wird das Aufschreiben der Worte Jeremias in ganz anderer Weise thematisiert, gefordert und gefördert (vgl. Jer 36), als das bei früheren Propheten der Fall war (vgl. Jes 8,1; 30,8). Während aber Jeremia bei seiner Berufung am Ende des 7. Jh. v. Chr. immerhin noch das *Wort JHWHs* in den Mund gelegt wurde (Jer 1,9), wird Ezechiel am Anfang des 6. Jh. v. Chr. aufgefordert, die Botschaft in Gestalt einer Buchrolle zu verschlingen (Ez 2,8). Damit aber sind wir, einmal mehr, schon beim nächsten Kapitel.

9. Kooperation oder Konfrontation mit Babylon – das Problem nach dem Tode Joschijas (609–587 v. Chr.)

Die 22 Jahre vom gewaltsamen Tod Joschijas im Jahre 609 v. Chr. bis zur Eroberung der Stadt durch die Babylonier und die Zerstörung des Tempels im Jahre 587 oder 586 v. Chr. waren eine unruhige und vor allem am Anfang durch unerwartete Wendungen charakterisierte Zeit. Würden die Babylonier unter Führung Nabopolassars bzw. seines Sohnes Nebukadnezzar (Nabuchodonosor) zusammen mit den Medern das Erbe Assurs auch in der Levante und vor allem in Palästina antreten? Oder würde es Ägypten, das unter Führung der 26. Dynastie neu erstarkt war, gelingen, wie zur Zeit des Neuen Reiches unter der 18. und 19. Dynastie, seine Ansprüche auf Palästina wieder geltend zu machen und durchzusetzen? Bestand etwa real die Möglichkeit, eine von Großmächten unabhängige selbst bestimmte Politik zu realisieren? Das waren die Fragen, denen sich die Entscheidungsträger in Jerusalem zu stellen hatten.
Pharao Psammetich I. (664–610 v. Chr.), besonders aber seinem Sohn und Nachfolger Necho II. (619–595 v. Chr.), gelang es nicht, in Nordsyrien in Form Rest-Assurs einen Puffer zwischen ihren eigenen und den Ansprüchen Babylons und der Perser aufrecht zu erhalten (Jer 46,2).
In Jerusalem aber hat man 609 v. Chr. den Anspruch Ägyptens nicht nur durch die Beseitigung Joschijas erfahren. Der von den judäischen Patriziern als Nachfolger eingesetzte Joahas wurde von den Ägyptern abgesetzt und nach Ägypten verschleppt. An seiner Stelle setzte Necho II. dessen älteren Bruder, den unbeliebten Jojakim, als König in Jerusalem ein (2Kön 23,31–35; vgl. **Abb. 54**).
Als Nebukadnezzar (605–562 v. Chr.) seinem Vater auf den Thron folgte und 604 v. Chr. Ägypten aus der Levante vertrieb, ließ er Jojakim eidesstattlich die Vasallitätsverpflichtung auf sich nehmen und in Jerusalem als babylonischen Vasall weiter regieren (Ez 17,13–15; vgl. 21,28). Nachdem Nebukadnezzar 601 v. Chr. vergeblich versucht hatte, Ägypten zu erobern, kündigte Jojakim jedoch seine Vasallität und fiel von Babylon ab. Erst 597 v. Chr. erschien ein babylonisches Heer vor Jerusalem.

54,1–4 Drei Siegel und ein Siegelabdruck mit hebräischen Namen: »Eljaqim (Sohn des) Micha«, »Abirjahu«, »Ab« und »(Na)hum (Sohn des) (Sche)ba«; auf allen vieren findet sich ein Horusfalke, der wahrscheinlich als Loyalitätsbezeugung gegenüber dem ägyptischen Oberherrn zu interpretieren ist (7. Jh. v. Chr.).

Jojakim starb während der Belagerung. Sein Sohn und Nachfolger, der erst 18-jährige Jojachin, kapitulierte, wurde von den Babyloniern am Leben gelassen und mit einer bedeutenden Zahl von Judäern und Judäerinnen, u.a. Ezechiel mit seiner Frau, nach Babylonien gebracht.

Dem Aufstand und der Kapitulation gingen leidenschaftliche Diskussionen voraus. Jeremia und wahrscheinlich auch Ezechiel fanden den Aufstand verfehlt und drängten, nachdem er begonnen hatte, auf eine rasche Kapitulation. Eine antibabylonische Partei, die politisch auf Ägypten vertraute, hatte den Aufstand durchgesetzt und fand die Kapitulation verfrüht. Sie rechnete damit, JHWH würde wie bei der Belagerung durch Sanherib im Jahre 701 v.Chr. helfend eingreifen, wenn zäher Widerstand bis zum Äußersten geleistet werde.

Nach der Kapitulation beließ Nebukadnezzar Juda als Vasallenkönigtum und setzte einen Onkel Jojachins zum (letzten) König von Juda ein. Er gab ihm den Namen Zidkija. Die Diskussionen, die schon vor der Rebellion geführt worden waren, flammten bald wieder auf. Die beiden gewichtigsten Stimmen waren wiederum die des Propheten Jeremia, der weiterhin in Jerusalem aktiv war, und die des Propheten Ezechiel, der zur Stimme der Deportierten wurde. Das Jeremiabuch erlebte zwar mehrere Ausgaben, ein beträchtlicher Teil seiner Texte dürfte wörtlich oder mindestens gedanklich auf den Propheten selbst zurückgehen. Das ganze Buch kennzeichnet eine konsequent ländliche Metaphorik (**Abb. 55**), wie sie zu einem Mann dörflicher Herkunft (Anatot) passt. Es ist tempelkritisch, wie man es von einem Propheten erwartet, der zwar auch Priester war, aber offensichtlich nie zur Tempelaristokratie von Jerusalem gehörte. Das Buch, in dem der Schreiber Baruch und Schriftrollen einen großen Platz einnehmen, wirft ein Licht auf die neu gewonnene Bedeutung von Geschriebenem (**Abb. 56**).

Viele der historischen Erzählungen im Jeremiabuch zeugen von einer genauen Orts- und Personenkenntnis. Eine ganze Reihe der genannten Personen tauchen auf zeitgenössischen Siegeln und Siegelabdrücken auf (**Abb. 57**).

Die Frühverkündigung Jeremias, wenn es eine solche gegeben hat, wirbt – teilweise von Hosea beeinflusst – um die Menschen des ehemaligen Nordreichs. Die von Hosea verwendete Metapher Israels als Frau wird auf Jerusalem übertragen. Aus der Zeit Jojakims und seiner Rebellionsgelüste gegen Babylon stammen eine Reihe eindrücklicher Gedichte, die von drohendem Unheil reden (Schnitter Tod in Jer 9,16–21). Jeremia denunziert ein Vertrauen auf JHWH, das sich von einer ethischen Haltung dispensiert. Er warnt vor dem Aberglauben, die Gegenwart JHWHs im Tempel werde Jerusalem (wie früher!) wunderbar beschützen (Jer 7; 21,2; 26). Durch das Zerschmettern einer Wasserkaraffe nimmt er die Zerstörung Jerusalems symbolisch-magisch vorweg (Jer 19,1–15).

König Jojakim kontert, indem er die Schriftrolle mit den Unheilsdrohungen Jeremias verbrennt (Jer 36,1–32). Wahrscheinlich gehören auch ein Teil der undatierten Zeichenhandlungen Ezechiels in die Zeit vor der Belagerung von 597 v.Chr. Der Sandkasten-Angriff auf ein Modell von Jerusalem (Ez 4,1–8), das Zubereiten von Hungersnot-Kost (Ez 4,9–17), das Kahlscheren des Kopfes (Ez 5,1–4), der symbolische Aufbruch ins Exil (Ez 12,1–16), die Orakel, die Nebukadnezzar bestimmen, den Weg nach Jerusalem und nicht nach Amman einzuschlagen (Ez 21,23–29), sind vor 597 v.Chr. in Jerusalem ausgeführt sinnvoller als nachher, als Ezechiel bereits sehr fern

1

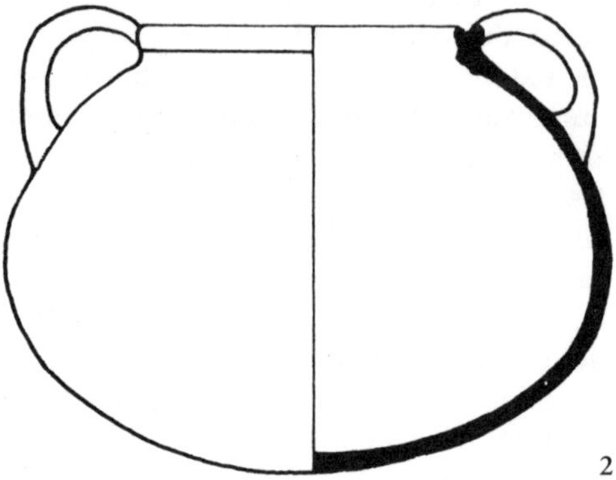

2

55,1–2 Jeremias Vergleiche, Metaphern und Symbole stammen aus dem judäischen Alltag. **Abb.** 55,1 zeigt einen blühenden Mandelzweig, wie er in Jer 1,11f erwähnt wird. Der Mandelbaum heißt hebräisch *schaqed* »Wachsamer«, weil er im Frühjahr als erster blüht. Für Jeremia wird sein Anblick Anlass zur Verheißung: »Ich (JHWH) wache (*schoqed ani*) über mein Wort und führe es aus«. Ein Kochtopf (55,2), dessen Inhalt von Norden her überläuft, wird Anlass, Unheil, das von Norden her kommt, anzukünden (Jer 1,13f).

von Jerusalem in Babylonien weilte. Es stellt sich dann aber die Frage, warum Ezechiel deportiert wurde, wenn er sich öffentlich gegen den Aufstand ausgesprochen hatte – vielleicht weil er ein Mitglied der Aristokratie war? Wie beim Jeremia- ist auch beim Ezechielbuch intensiv die Frage nach der Authentizität gestellt worden. Das Buch ist zwar einheitlicher als das Jeremiabuch. Es wird durch formelhafte Präzision und surrealistische Visualität charakterisiert. Dennoch sind die Texte Ezechiels nicht einfach ab-, sondern auch fortgeschrieben worden. Die Grenzen zwischen Original und sekundärer Erweiterung sind einmal mehr nicht immer scharf zu ziehen. Die »Schüler« haben Ezechiels visuellen Stil beibehalten (vgl. Ez 40–48). Ezechiel besaß eine höhere Bildung. Er kannte und benutzte – im Gegensatz zu Jeremia – zahlreiche Motive der altorientalischen Ikonographie. Die große Vision von Ez 1 ist eine äußerst komplizierte und gelehrte Konstruktion, die von ikonographischen Vorbildern inspiriert ist, die sie modifiziert (**Abb. 58**).

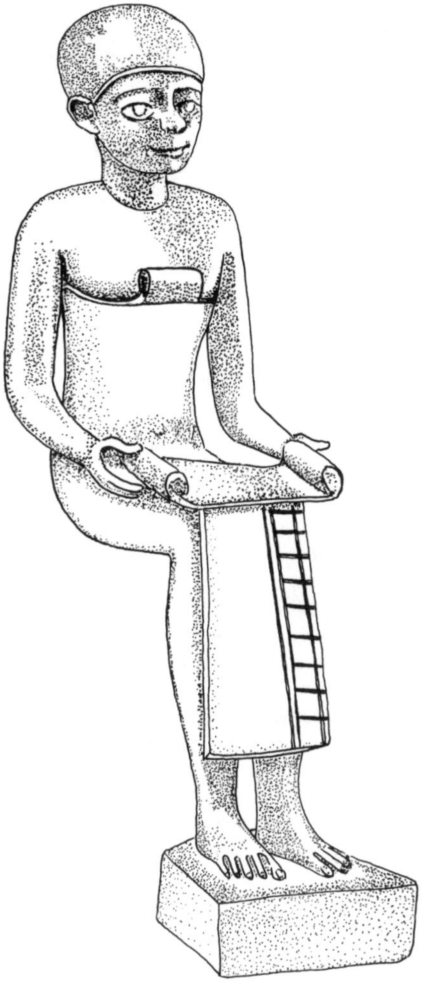

1

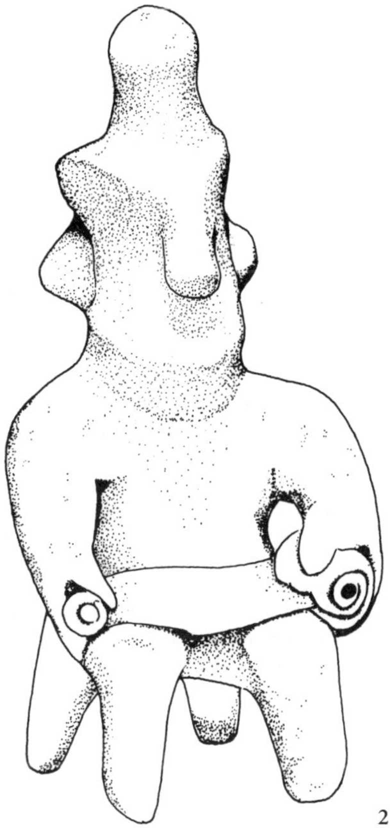

2

56,1–2 Seit der 26. Dyn. (664–525 v. Chr.) werden in Ägypten Bronzefiguren des sagenhaften Weisen und Schreibers Imhotep populär. Sie zeigen ihn mit einer Papyrusrolle auf den Knien. Aus der gleichen Zeit stammt die Terrakottafigur eines Schreibers aus Zypern. Die Figur des Schreibers Baruch spielt im Jeremiabuch eine große Rolle.

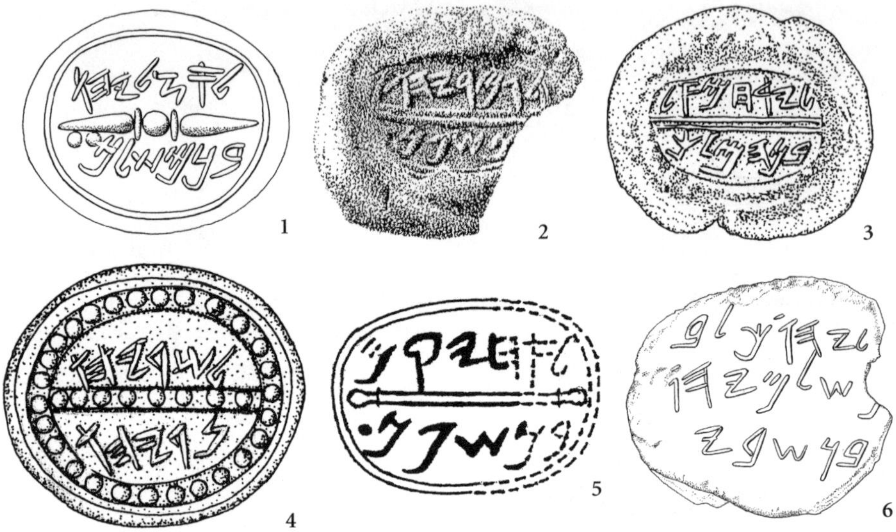

57,1–6 Aus dem 7. und dem Anfang des 6. Jh. v. Chr. sind eine Reihe von Siegeln und Siegelabdrücken mit Namen aufgetaucht, die aus dem Umfeld Jeremias bekannt sind. 57,1 ist ein Skaraboid mit der Inschrift »Dem Azaljahu, dem Sohn des Meschullam, gehörig« (vgl. 2Kön 22,3). Die Echtheit des Siegels ist nicht ganz unbestritten. 57,2 ist eine Bulle, die bei regulären Ausgrabungen in der Davidstadt gefunden worden ist. Sie trägt die Inschrift: »Dem Gemarjahu, (dem Sohn des) Schafan, gehörig« (vgl. Jer 36,10f). 57,3 ist eine Bulle aus dem von N. Avigad publizierten »Burnt Archive« mit der Inschrift: »Dem Jerachmeel, dem Sohn des Königs, gehörig« (vgl. Jer 36,26). 57,4 ist ein Siegel mit der Inschrift: »Dem Serajahu, (dem Sohn des) Nerijahu, gehörig« (vgl. Jer 51,59). 57,5 ist eine Rekonstruktion zweier Fragmente einer Bulle mit der Inschrift: »(Dem A)hiqam(?), dem (So)hn des Schafan, gehörig« (vgl. Jer 26,24; 2Kön 22,12). 57,6 ist eine Bulle aus E. Mazars Grabung in der Davidstadt mit der Inschrift: »Dem Jehochal, dem Sohn des Schelemjahu, dem Sohn des Schabi, gehörig« (vgl. Jer 37,3).

Sie ist zum Ausgangs- und Haftpunkt der gelehrten jüdischen Mystik, der Kabbalah, geworden. In Babylonien dürfte Ezechiel mit dortigen Gelehrten Kontakt aufgenommen haben.

Innere Schwierigkeiten Babylons und die Machenschaften des 589 v. Chr. auf den Thron gekommenen Pharaos Apries/Hofra verführten Zidkija allen Warnungen der Propheten Jeremia und Ezechiel zum Trotz, gegen Babylon zu revoltieren. Jeremia wehrte sich entschieden dagegen, u. a. mit der Symbolhandlung vom Jochtragen (Jer 27). Die Botschaft seiner Gegner, der Propheten, die ein rasches Ende der Herrschaft Babylons verkündeten, qualifizierte er als »Trug« (*schæqær*) und sprach ihnen ab, von Gott gesandt zu sein (Jer 28). Den Deportierten riet er, sich auf ein langes Exil einzustellen (Jer 29). Er vertrat aber nicht einfach babylonische Interessen, sondern wusste und verkündete, dass auch die Zeit der Herrschaft Babylons begrenzt sei. Jeremias Widerstand gegen die Rebellion wurde von den Befürwortern als Wehrkraftzersetzung gewertet. Jeremia wurde in Haft genommen (Jer 37,11–38,13) und nur Protektion von Seiten der Schafaniden (vgl. **Abb.** 57,2 und 5), die zur Aristokratie gehörten, und eine gewisse Sympathie Zidkijas verhinderten seine Ermordung. Ange-

1

2

58,1–2 Im Gegensatz zur Metaphorik Jeremias (vgl. **Abb.** 55,1–2) ist die Ezechiels stark von der altorientalischen Ikonographie geprägt. Der großen Vision in Ez 1 liegt ein Schema zugrunde, das den Himmel zeigt, der von zwei (dreidimensional: vier) Stiermenschen (vgl. **Abb.** 32) gestützt wird. Beim vorliegenden Beleg wird der Himmel durch eine Feste (hebräisch *raqia*) und den Sonnengott repräsentiert, der von »Recht und Gerechtigkeit« begleitet ist (vgl. **Abb.** 34,1–3; eine Figur ist hier weggebrochen). Der Sonnengott wird zusätzlich zu den Flügeln durch sein Attributtier, das Pferd, identifiziert (vgl. **Abb.** 51,1–2). Ein Priester des Ea im Fischkostüm und ein Verehrer flankieren die Szene (7. Jh. v. Chr.). Die persische Variante (58,2) der neuassyrischen Komposition von 58,1 stellt die Stiermenschen wie in Ez 1,6 mit vier Flügeln dar (um 500 v. Chr.).

1

2

59,1–2 Die Bildrede von Ez 17 mit einem Greifvogel als Gärtner ist wohl von einem assyrischen Motiv inspiriert, wie es sich schon auf dem mittelassyrischen Rollsiegel **59**,1 mit einem geier- oder adlerköpfigen Genius findet, der sich an einer Palme zu schaffen macht (12. Jh. v. Chr.). Das Motiv ist auch noch auf neuassyrischen Rollsiegeln mit raubvogelköpfigen Genien belegt, die sich am sakralen Baum bzw. am König zu schaffen machen (8./7. Jh. v. Chr.).

feindet und bedrängt beklagt er sich sehr persönlich bei Gott. Seine »Konfessionen« (Jer 11,18–12,6; 15,10–21;18,18–23; 20,7–18) sind der Prototyp eines schonungslos ehrlichen Redens mit Gott, das für gewisse chassidische Bewegungen des Judentums charakteristisch werden wird.

Ezechiel im fernen Babylon erklärte in der Bildrede vom Greifvogel als Gärtner (**Abb. 59**,1–2) den Aufstand Zidkijas als Eidbruch gegenüber Babylon, der nicht folgenlos bleiben werde (Ez 17,1–21). Im Leichenlied auf die aggressive Löwenfamilie, die davidische Dynastie, beklagt er deren (drohenden) Untergang als bereits eingetreten (Ez 19). In der großen Vision von Ez 1 (vgl. **Abb. 58**,1–2) sieht der Prophet, im Gegensatz zur Vision von Jes 6, JHWH nicht in Jerusalem, sondern im Himmel thronen, wo er den Deportierten fern von Jerusalem ein bisschen zum Heiligtum werden kann (Ez 11,16). Im Visionenkomplex Ez 8–11 wird der Grund für den visionär ge-

60,1–4 Auf Skarabäen der 26. Dyn. (664–525 v. Chr.) findet sich die Verehrung tiergestaltiger Gottheiten durch Privatpersonen dargestellt, wie sie in Ez 8,10f beschrieben wird. Auf **60**,1 aus Aschkelon ist es die eines Pavians, auf **60**,2 aus Schech Zuweijd im südlichen Palästina die eines Falken; auf dem Skarabäus **60**,3 aus Naukratis im westlichen Nildelta die eines Mischwesens aus Falkenkopf und Krokodilleib und auf **60**,4 mit dem Thronnamen Psammetichs I. (664–610 v. Chr.) aus Cerveteri in Italien die der nilpferdgestaltigen Thoëris.

schauten Wegzug JHWHs aus Jerusalem in allerhand Fremdgötterkulten gesehen, die zum Teil stark ägyptisch geprägt sind (**Abb. 60**).
Mit den assyro-aramäischen Praktiken, die von der joschijanischen Reform denunziert und eliminiert worden sind, haben sie nichts zu tun. Sie können nicht als Beweis gegen die Historizität der joschijanischen Reform ins Feld geführt werden. Der letzte der vier Gräuel, die Ezechiel in Jerusalem schaut, besteht einmal mehr darin, zu glauben, rituelle Praktiken könnten ohne entsprechendes ethisches Handeln Segen bewirken. Zwei Texte, Ez 16 und 23, die Jerusalem als Tochter und Frau und JHWH als deren Adoptivvater und Ehemann darstellen, schildern die Geschichte Jerusalems von ihren Anfängen an als Schuld- und Unheilsgeschichte. Die Texte sind von feministischer Seite mit Grund kritisiert worden, weil der Mann (JHWH) a priori unschuldig ist und die metaphorische »Frau« (= Jerusalem), die stets zu Fremdgängereien aller Art neigt, hart züchtigt. Das metaphorische Verhältnis ist schon in der Fortschreibung der beiden Texte von JHWH und Jerusalem auf reale Männer und Frauen – und das oft in einem frauenfeindlichen Sinn – übertragen worden.

Jeremia und Ezechiel haben bei aller Verschiedenheit der Metaphorik ähnliche politische und theologische Positionen vertreten. Für beide war JHWH nicht nur der Gott Israels, sondern der aller Völker. Sie nahmen die erstmals von Jesaja vertretene Vorstellung konsequent auf, auch andere Völker als von JHWH geführt und ermächtigt, allerdings auch als ihm unterstellt zu sehen. Juda-Jerusalem könne von Gott kein Heil erwarten, ohne sich seinen Forderungen nach Recht und Gerechtigkeit zu bequemen. Jeremia und Ezechiel haben die israelitisch-jüdische zu einer »Weltreligion« gemacht. Sie haben damit einen Beitrag an die »Achsenzeit« (Karl Jaspers), d.h. an jene mentale Verwerfung geleistet, die zwischen 650 und ca. 400 v. Chr. von Griechenland mit der Entstehung der vorsokratischen Philosophie über Indien mit Buddha bis China mit dem Auftreten des Konfuzius die eurasische Welt geistig neu

orientierte. Allen gemeinsam ist die Unzufriedenheit mit der bisherigen Vielgötterei und eine stärker auf grundlegenden Prinzipien basierende Weltsicht.
Die Gegner Jeremias und Ezechiels waren jene Propheten und Politiker, die den Aufstand gegen Babylon betrieben. Theologisch vertrauten sie darauf, dass JHWH Jerusalem nicht im Stich lasse und ihm, wenn nötig, mit Wundern zu Hilfe kommen werde. Das Modell bildete die Nicht-Einnahme Jerusalems durch Sanherib, die während der seither verflossenen hundert Jahre zu einem triumphalen Sieg JHWHs über den Assyrerkönig um- und ausgestaltet worden war. Das Zionslied Ps 48 schildert die Befestigungen Jerusalems als eine Art Sakrament des göttlichen Schutzes für die Stadt. In Ex 15 wird das Wohnen JHWHs auf dem Zion als Ziel der »Heilsgeschichte« geschildert. In der legendenhaften Erzählung Jes 36–39 bzw. 2Kön 18,13–19,37 werden die Positionen Jeremias bzw. Ezechiels dem assyrischen Feldherrn bzw. Sanherib selbst in den Mund gelegt und damit als Feindpropaganda abgetan. Im Glauben an die Uneinnehmbarkeit Jerusalems konkretisiert sich der Glaube an die Einzigkeit JHWHs. In der Erzählung von der Bewahrung Jerusalems zur Zeit Sanheribs wird JHWH zum ersten Mal als einziger Gott bekannt, neben dem es keine wirklichen Götter gibt, die wie er seine Stadt beschützen können und beschützt hätten (Jes 37,20; 2Kön 19,19). Keiner der Götter der Völker, nicht einmal der mächtige höchste ägyptische Gott, Amun-Re, hatte vermocht, seine Stadt, das hunderttorige Theben, vor den Assyrern zu retten. Nur JHWH hat Jerusalem vor Assur bewahrt. Wer Jerusalem bzw. Israel verhöhnt, verhöhnt den einzigen lebendigen Gott (Jes 37,17; 2Kön 19,16). Dieses Credo ist auch Thema der David- und Goliatgeschichte, in der heute vorliegenden Version. Nur in dieser Geschichte und in den Sanherib-Legenden findet sich der Ausdruck »den lebendigen Gott« bzw. »die Schlachtreihen des lebendigen Gottes verhöhnen« (1Sam 17,36). Diese gefährliche Geschichte hat Israel wiederholt verführt, z. B. in römischer Zeit die Zeloten, gegen einen übermächtigen Gegner anzutreten, meist mit verheerenden Folgen (vgl. dagegen Lk 14,31f). So war es auch damals.
588 v. Chr. erschienen die Babylonier vor Jerusalem. Ein ägyptisches Expeditionskorps vermochte die Belagerung zwar zeitweilig zu unterbrechen, jedoch nicht zu beenden. Im Juli 587 oder 586 v. Chr. wurde Jerusalem eingenommen, einen Monat später wurden die Stadt und der Tempel systematisch zerstört. Beim Gericht über die Aufständischen in Ribla, im syrischen Orontestal, wo Nebukadnezzar sein Feldlager aufgeschlagen hatte, hatte sich herausgestellt, dass ein Hauptgrund für den Aufstand der Glaube gewesen war, JHWH werde seine Stadt und seinen Tempel nie preisgeben. Das veranlasste Nebukadnezzar zur ungewöhnlichen Maßnahme, den Tempel zerstören zu lassen. Zidkija wurde grausam bestraft. Seine minderjährigen Kinder wurden vor seinen Augen hingerichtet, er selbst geblendet und zur Sklavinnenarbeit an der Handmühle gezwungen (Jer 52,10f; 2Kön 25,6f). Große Teile der Bevölkerung, besonders qualifizierte Arbeitskräfte, wurden nach Babylonien deportiert, wo sie in Lebensgemeinschaften zusammen bleiben konnten (Jer 52,28–30; 2Kön 25,11.21). Dieser Umstand und die Tatsache, dass es bereits ein »portatives Vaterland« in Form kanonischer Schriften gab, hat ihnen im Gegensatz zu früheren Deportiertengemeinschaften die Erhaltung ihrer Identität ermöglicht. Wie wichtig die babylonische Exilsgemeinde wurde, zeigt die Tatsache, dass im 4.–5. Jh. n. Chr. dort der »Babylonische Talmud« entstand. Bis zur Gründung des Staates Israel 1948 n. Chr. gab es in Zentralmesopotamien ununterbrochen wichtige jüdische Gemeinden.

10. Die Exilszeit – Klagen, Vorwürfe, Bitten und Visionen erneuerter Herrlichkeit (587/586–539 v. Chr.)

Die Zerstörung Jerusalems und des Tempels und die anschließenden Deportationen haben die Bevölkerung Judas stark dezimiert. Die von den Deportierten verbreitete Sicht, das Land sei seiner Bewohner beraubt worden, ist aber nicht haltbar. Das südliche Juda und der Negev gingen zwar an die Edomiter verloren, die vom südlichen Transjordanien her über die große Senke zwischen dem Roten und dem Toten Meer in diese Gebiete Richtung Mittelmeer vordrangen. Jerusalem und Juda waren nach rund 800 Jahren wieder ungefähr auf das Gebiet des amarnazeitlichen Stadtstaats beschränkt (vgl. **Abb. 18**). Die westlichen und östlichen Randregionen der Schefela und der Küste des Toten Meers sowie Jerusalem und seine unmittelbare Umgebung waren nur noch dünn besiedelt. Auch die Bewohnerschaft des Berglandes südlich und nördlich von Jerusalem war auf etwa die Hälfte geschrumpft. Mizpa nördlich von Jerusalem wurde als neues Zentrum ausgebaut. Dort sammelte sich um den von Babylon beauftragten Gedalja die zurückgebliebene Elite (Jer 40). Mizpa konnte sich aber gegenüber dem historischen Schwergewicht Jerusalem auf die Dauer nicht durchsetzen. Der von Nebukadnezzar eingesetzte Gedalja wurde kurz nach seiner Ernennung ermordet (Jer 41,1–15). Aus Angst vor babylonischen Repressalien floh mindestens ein Teil der verbliebenen Bevölkerung nach Ägypten und verstärkte die dort bereits bestehende Diaspora (Jer 41,16–44,30). Aber auch jetzt war das Land nicht leer. Wie es während des Rests der Exilszeit organisiert war, entzieht sich unserer Kenntnis weitgehend. Wahrscheinlich war es eine babylonische Provinz. Das Leben hat sich langsam erholt.

Es gab offensichtlich sogar eine gewisse literarische Tätigkeit. Die Klagelieder 1–2 und 4, in denen die Deportierten kaum erwähnt werden, geben in Anlehnung an das Genus der Totenklage einen erschütternden Eindruck von den desolaten Zuständen. Stark emotional wird Jerusalem als Frau geschildert, deren Kinder ein grausames Schicksal erleiden. Grund dafür ist ein unbegreiflicher göttlicher Zorn. Menschliches Versagen in einer verfehlten Bündnispolitik oder im Zweckoptimismus uninspirierter Propheten kommen nur beiläufig zur Sprache. Im Zentrum stehen die vielfältigen Zerstörungen und das Leiden der Bevölkerung. Ps 102 zeigt, wie das öffentliche Elend auch den Einzelnen affizierte.

Von ganz anderer Art als die Klagelieder 1–2 und 4 sind die sog. »Volksklagelieder«, denen auch Klgl 5 nahe steht. Sie klagen nicht so sehr, sondern fordern. Entgegen der wiederholten Behauptung, sie würden die von Jeremia und Ezechiel Jerusalem zugewiesene Schuld anerkennen, behaupten sie, besonders explizit Ps 44, Israel sei ohne jede Schuld (vgl. auch Ps 74, 77, 79, 89, Jes 63,7–64,11). Für die Katastrophe seien ausschließlich JHWH und die mit Hilfe des Schemas vom Drachenkampf charakterisierten und dämonisierten Feinde Israels verantwortlich. Gott habe seine in der Urzeit (*qædæm*) gewirkten Heilstaten, den Auszug aus Ägypten, die Landgabe, die Erwählung Davids, die ihm gemachten Zusagen und den Bau des Tempels verraten und dem Chaos preisgegeben. Gott solle den Jerusalemer Kosmos schnellstens wieder herstellen. Wie in der David und Goliat-Geschichte und in der Legende von der Befreiung Jerusalems zur Zeit Sanheribs werden in diesen Psalmen Verhöhnung und Schande Israels mit der Gottes gleichgesetzt. Die »nationalreligiöse« Bewegung hat die Katastrophe hinter sich gebracht, ohne auch nur in Ansätzen die Schuldzuweisungen eines Jeremia oder Ezechiel zu akzeptieren. Wenn man von den Kreisen absieht, welche die Worte dieser Propheten tradiert haben, bleiben relativ wenige Stimmen, die dem Klagen und Fordern ohne Einsicht in die eigene Schuld kritisch gegenüber stehen. Die im Deuteronomistischen Geschichtswerk greifbare Tradition führt die Katastrophe auf den Fremdgötterkult zurück, in einzelnen Teilen ausschließlich auf die »Sünden Manasses«.

Das Verhältnis zwischen den Zurückgebliebenen und den nach Babylon Deportierten war nicht das beste. In Ps 137 rechtfertigen sich Heimkehrer gegen den Vorwurf, Jerusalem vergessen zu haben. Die Zurückgebliebenen betrachteten die Deportation als definitiv und hatten versucht, sich den Besitz der Deportierten anzueignen (vgl. Ez 11,3 und 15). Die Deportierten ihrerseits betrachteten sich als das wahre Israel (Jer 24) und ignorierten die Zurückgebliebenen in ihren Zukunftsentwürfen, soweit sie sich mit solchen beschäftigten. Teilweise scheinen auch sie sich mit der Endgültigkeit der Deportation abgefunden zu haben. Dagegen wenden sich Ezechiel, der die schicksalshafte Verknüpfung der Generationen ablehnt (Ez 18), und das Deuteronomistische Geschichtswerk, das diskret mit einer Wiedereinsetzung der Daviddynastie und mit einer Rückkehr (vorerst in Form der Gebetsrichtung) zum Zion rechnet. Der zerstörte Tempel und Jerusalem werden zum Orientierungspunkt einer weit verstreuten Gemeinde.
Die teilweise herrschende Lethargie wurde durch dramatische Veränderungen in der politischen Großwetterlage beendet. Auf drei kurzlebige babylonische Herrscher folgte Nabonid (555–538 v. Chr.), welcher der letzte spätbabylonische König sein sollte. Er war ein großer Verehrer des Mondgottes Sin von Haran und entfremdete sich die einflussreiche Mardukpriesterschaft in Babylon nicht nur dadurch, sondern auch durch seine jahrelange Abwesenheit von Babylon. Man konnte das wichtige Neujahrsfest im Marduktempel in Babylon ohne König nicht begehen. Dort vertrat ihn sein Mitregent und Kronprinz Belschazzar. Nabonid selbst residierte zehn Jahre lang in Tema im Nordwesten Arabiens. Diese Präsenz war auch in Edom spürbar, wie neue Funde zeigen. Sie erhöhte den edomitischen Druck auf den Süden Judas.
Der kometenhafte Aufstieg der Perser unter Kyrus d. Gr. (559–529 v. Chr.) wurde von den Mardukpriestern, die sich einen neuen Herrn erhofften, ebenso positiv wahrgenommen wie vom Verfasser der Kapitel 40–55 im Jesajabuch, dem so genannten Deuterojesaja. Er begrüßte den König, der offensichtlich das Wohlwollen des einzigen Gottes und Herrn der Weltgeschichte genoss, in einer kühnen Neuinterpretation als Messias, als von JHWH erwählten und gesalbten König (Jes 45,1). Viele Nachfolger hat er mit diesem kühnen Konzept, das eng mit seinem konsequenten und universalen Monotheismus verbunden war, nicht gefunden. Deuterojesaja denkt Schöpfung und Erlösung explizit zusammen und prädiziert unzweideutig die Einzigkeit JHWHs. Der Weissagungsbeweis, mit dem er sie begründet, ist allerdings eher vage. Die Einzigkeit JHWHs ist bereits die selbstverständliche Voraussetzung der Geschichtsschau Jeremias und Ezechiels gewesen. Sie wurde wahrscheinlich bereits in der Jesaja-Legende präzise begründet formuliert und ist jedenfalls keine im Exil neu gewonnene Erkenntnis. Deuterojesaja sieht im Rahmen eines konsequenten Mono-

theismus Israels Sendung vor allem im Hinblick auf die Völker. Diesen soll es die Einzigkeit und den Heilswillen JHWHs für sie kundtun. Ihre größte Tiefe erreicht diese Sicht im Bild von Israel als leidendem Gottesknecht (Jes 53). Die vielleicht erst sekundär in Deuterojesaja eingefügte Kritik an den Götterbildern trivialisiert diese durch eine unsachgemäße Identifizierung der Götter und ihrer Bilder (z.B. Jes 45,15.17; 46,6f), die dem paganen Bilderverständnis überhaupt nicht gerecht wird.
Je mehr Akzeptanz die Überzeugung gewann, JHWH sei der einzige wahrhaft wirkliche Gott, umso mehr wurde sein Eigenname JHWH unpassend und obsolet. Ein Eigenname besagt, dass es mehrere Exemplare einer Gattung gibt. Wo das der Fall ist, braucht es Eigennamen. Zuhause kann eine Frau »Mama« genannt werden, weil es in einem Haushalt in der Regel nur eine einzige Mama gibt. Begleitet die Mama ihr Kind zur Schule, braucht sie einen Eigennamen, weil es dort viele »Mamas« gibt. Solange JHWH ein Gott unter Göttern war, nannte man ihn mit dem Eigennamen JHWH. JHWH war der (Haupt)Gott Israels, wie Kemosch der Gott Moabs, Milkom der Ammons, Qos der Edoms, Hadad der Arams etc. (vgl. Ri 11, 24). Nach JHWHs Aufstieg zum Einzigen begann man den Eigennamen zu vermeiden. Er erinnerte zu deutlich an die Zeit, als er ein Gott unter vielen Göttern war. In den Schriften Ester und Kohelet (Prediger) fehlt er ganz. Das Esterbuch braucht das Passivum Divinum: »Es wird den Juden Hilfe zuteil werden« (4,14). Kohelet spricht schlicht von »Gott«. In der Perserzeit ist häufig statt von JHWH vom »Gott des Himmels« die Rede. In 1 und 2Makk wird statt Gott einfach »der Himmel« verwendet (1Makk 3,18f; 3,60; 2Makk 7,11). Nach einer langen Phase des Experimentierens ist in der griechischen Übersetzung der alttestamentlichen Schriften an den ca. 6800 Stellen, an denen JHWH steht, der Eigenname durch *ho kyrios* »der Herr« ersetzt worden. Das haben unzählige andere Übersetzungen übernommen. Heute wird, etwa in der »Bibel in gerechter Sprache«, versucht, diese extreme Engführung und Vermännlichung rückgängig zu machen und der relativ neuen Einsicht gerecht zu werden, dass Mann und Frau gleichermaßen Ab- und Ebenbilder Gottes sind (Gen 1,27; 5,1f) und man sich Gott sowohl männlich wie weiblich vorstellen darf. Wer auf der historischen Qualität der Texte insistiert, darf nicht »der Herr«, sondern muss JHWH lesen.
Neben der Offenbarung des einzigen Gottes in der Geschichte kündigt Deuterojesaja die Neugründung des Zion und in einer stark emotionalen Personifizierung Zions als Frau die Rückkehr der verstreuten Kinder zu ihrer Mutter an (Jes 49,18–23; 54,4–8.10). Die Zurückgebliebenen werden weitestgehend ignoriert. Eines der bekanntesten Worte, die die künftige zentrale Rolle Zions ankündigen, knüpft an Jes 51,4f an. Es ist das in der Hebräischen Bibel signifikanterweise doppelt überlieferte Wort Mi 4,1–3 = Jes 2,2–4. Es verheißt, dass die vom Zion aus belehrte Menschheit alle Waffen zu landwirtschaftlichem Gerät umschmieden werde.

Ganz anderer Art sind die im Buche Ezechiel skizzierten, ihrerseits wieder recht unterschiedlichen Zukunftsentwürfe. Das Buch kritisiert indirekt die dominierende Rolle Zions, indem es die Wiederbelebung des ganzen Landes ankündigt. Es ist sich bewusst, dass eine dauerhafte Beziehung zwischen JHWH und Israel nur auf einer neuen Grundlage bestehen kann. Eine Art Taufe und ein neues Herz sollen die Israeliten befähigen, künftig dem Willen ihres Gottes gerecht zu werden. Besonders nachhaltig hat ein anderes Bild, die typisch ezechielische surrealistische Vision von der

Ebene voller dürrer Gebeine des Volkes Israel gewirkt, die sich durch das Wehen des Geisthauchs wieder zusammenfügen, mit Fleisch überziehen und zu lebendigen Wesen werden (Ez 37). Selbst die Hoffnung auf einen neuen David hat sich ins Buch eingeschlichen (Ez 37,15–28). Sie steht im Gegensatz zu dem minutiös ausgearbeiteten Verfassungsentwurf von Ez 40–48, wo kein Königtum vorgesehen wird, sondern nur ein Fürst, der weitab vom Tempel wohnen muss und nur als Erster der Laien ohne alle priesterlichen Prärogativen am Kult teilnehmen darf. Dieser ist ausschließlich den zadokidischen Priestern vorbehalten, die ohne Hohenpriester auskommen. Ihnen sind für niedere Dienste die Leviten zu- und untergeordnet, die wahrscheinlich aus den ehemaligen Priestern der über das Land verstreuten Höhenheiligtümer hervorgegangen sind. Der heilige Bereich ist durch gewaltige Mauern und Tore vom profanen Bereich getrennt, um die Forderung der strikten Unterscheidung von rein und unrein zu gewährleisten.

Wie Deuterojesaja und das Ezechielbuch propagiert auch die Priesterschrift die Rückkehr ins Land Israel und seine Wiederbesiedlung. Als Priesterschrift wird eine durch eine klar fassbare Sprache und Theologie charakterisierte Gruppe von Texten in Genesis bis Numeri bezeichnet. Auch sie setzt ein weitestgehend unbewohntes Land voraus. Statt in Form prophetischer Visionen und Verheißungen schafft sie eine paradigmatische Geschichte, die als Modell für Künftiges gelten kann. Sie verwendet die alten Überlieferungen von der Schöpfung bis zur Landnahme und interpretiert sie aktualisierend und in einem sehr strengen Sinne monotheistisch. Bei ihr wird der Gattungsname *Elohim* »Gott« zum Eigennamen, wenn sie in Gen 1,1 sagt: »Im Anfang schuf Gott (nicht *der Gott* und nicht *ein Gott*) Himmel und Erde« (vgl. de Pury 2008). Sie eliminiert die Gottesboten (Engel) aus älteren Überlieferungen. Statt der drei Gestalten von Gen 18 verkündet Gott selbst und ganz allein Abraham die Geburt eines Sohnes (Gen 17). Die Leute in der Diaspora, die das Land Israel als schlecht denunzieren (Ez 36,13), haben gemäß der Priesterschrift ihren Prototyp in den schlechten Kundschaftern zur Zeit Moses, die im Gegensatz zu den guten Kundschaftern Josua und Kaleb das Land als unbewohnbar bezeichneten (Num 13,32). Die Priesterschrift rückt mit gewissen Positionen in die Nähe der »Volksklagelieder«, die Gott zur Restauration drängen. Allerdings ist sie sich im Gegensatz zu diesen und ähnlich wie das Ezechielbuch der Schuld Israels bewusst. Sie versucht diese durch ein Abrücken vom deuteronomisch-deuteronomistischen Bund, der nach dem Vorbild der neuassyrischen Vasallitätsverpflichtungen konzipiert wurde, zu beheben. Die Priesterschrift entwirft einen reinen Gnadenbund (mit Noach und Abraham), der sich in einem Segen und Sühne garantierenden Kult in Jerusalem verwirklichen soll. Dessen Entstehung projiziert die Priesterschrift an den Fuß des Sinai und lässt ihn in Form eines transportablen Heiligtums (**Abb. 61**) nach Jerusalem gebracht werden, wo dieser neue Gnadenbund ständig präsent sein und sühnend wirken wird. Zu den Sühnemöglichkeiten, die die Priesterschrift konzipiert, gehört die neu interpretierte Lade als Lade der Heilszeugnisse, die durch einen von der Priesterschrift erfundenen »Sühnedeckel« (*kapporæt*) ergänzt wird (**Abb. 62**).
Die Kleidung des Hohenpriesters ergänzt die Priesterschrift durch eine Brusttasche des Rechts (und der Gerechtigkeit) Israels. Diese soll die zwölf über die bewohnte Erde verstreuten Stämme in Form von Schmucksteinen, die mit deren Namen gra-

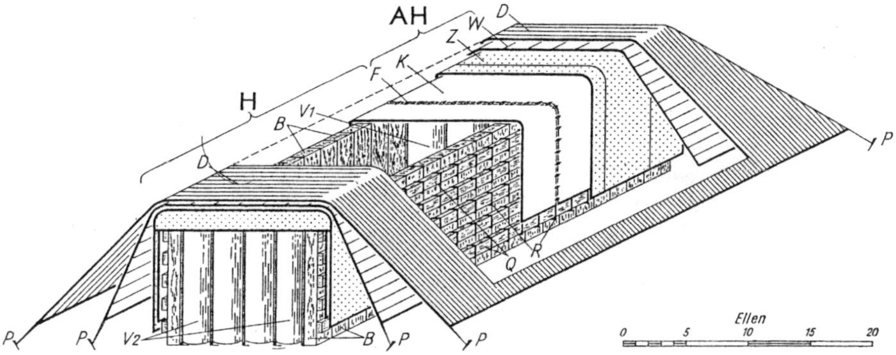

61 Zeichnerische Umsetzung der Beschreibung der so genannten Stiftshütte in Ex 26. Über den tempelartigen Kultraum aus goldüberzogenem Akazienholz ist zuinnerst eine kostbare Decke und darüber sind drei regensichere Zeltdecken gespannt. Der Kultraum ist durch Vorhänge in Heiliges (H) und Allerheiligstes (AH) geteilt. Dies und die Innenausstattung sind als Modell für den Jerusalemer Tempel konzipiert, dessen Anfänge so an den Sinai verlegt werden. K = Kerubenbestickte Prachtdecke; F = goldene Fibeln, welche die einzelnen Bahnen zusammenhalten; Z = Ziegenhaarzeltdecke, W = Zeltdecke aus Widderhaut; D = äußerste Zeltdecke aus Delphinhaut; P = Zeltpflöcke; B = Balkenwände; Q = Querriegel, die durch R = vergoldete Ringe gezogen, die Balkenwände zusammenhalten; V1 = Kerubenvorhang vor dem Allerheiligsten; V2 = idem vor dem Heiligen.

62 Versuch einer zeichnerischen Umsetzung der Beschreibung der Lade mit den Kerubim im priesterschriftlichen Text von Ex 25,10–22 durch H. Gressmann. Der priesterschriftliche Entwurf scheint im 2. Tempel nicht zur Ausführung gekommen zu sein.

63 Zeichnerische Umsetzung der Beschreibung der Tracht des Hohenpriesters in Ex 28,6–40 durch J. Braunius (1701 n.Chr.). Das Pektorale auf der Brust ist zu klein geraten, der Kopfbund – von türkischer Mode des 17. Jh. n. Chr. beeinflusst – zu groß.

viert an der Brusttasche befestigt sind, als ideale Gemeinschaft vor JHWH bringen (**Abb. 63**).
Das einseitige Gnadenkonzept der Priesterschrift wurde durch die Einfügung des Heiligkeitsgesetzes (17,1–26,46) und ähnliche Zusätze mit dem alten Bund der Forderung nach strikter Loyalität mit entsprechendem Segen und Fluch kombiniert. Gnade (umsonst Zuteilgewordenes) und Verdienst (Selbsterarbeitetes) sind beides zu grundlegende Erfahrungen im zwischenmenschlichen Bereich und im Gegenüber mit Gott, als dass auf die eine oder andere Kategorie über weite Strecken ganz verzichtet werden könnte.

Als das babylonische Exil durch das Ende des neubabylonischen Reiches seinerseits zu einem Ende kam, besaß die Gemeinde JHWHs eine Fülle von zum Teil widersprüchlichen, aber durchwegs strikt monotheistischen Konzepten für einen Neuanfang. Keines davon wurde ganz realisiert. Alle aber haben zur Neugestaltung der Verhältnisse Elemente geliefert.

11. Jerusalem während der Zeit der Perserherrschaft – der 2. Tempel (539–333 v. Chr.)

Kaum eine Periode der biblischen Geschichte hat sich in den letzten 15 Jahren so großer Beliebtheit erfreut wie die Perserzeit. Animiert wurde dieser Boom u. a. von den erstmals 1983 erschienenen Studien von P. Frei und K. Koch »Reichsidee und Reichsorganisation im Perserreich« und von dem Kreis, der 1989 die Zeitschrift »Transeuphratène« gegründet hat. Eine immense Sekundärliteratur ist entstanden.
Zahlreiche alttestamentliche Texte und wichtigste Entwicklungsprozesse des JHWH-Glaubens sind in diese Periode datiert worden. Gelegentlich wird die Ansicht vertreten, dass die persische und nicht die Zeit nach Alexander d.Gr. für die Entstehung des Judentums entscheidend war. Dazu ist erstens zu bemerken, dass viele dieser Vorgänge nur erschlossen (z. B. die Entstehung der Tora) und entsprechend hypothetisch und spekulativ sind. Zweitens ist vieles von dem, was Jerusalem in der Perserzeit bestimmte, die direkte Folge von Prozessen und Institutionen der vorexilischen Zeit, so z. B. der 2. Tempel. Nebst den Sonderbeiträgen jeder Periode darf der Strom der Tradition nicht übersehen werden, in den jede der mehr oder weniger künstlich konstruierten Epochen ihre Färbung und ihr Sondergut eingebracht hat.
Die Primär- und Sekundär-Quellen für die rund 200 Jahre persischer Vorherrschaft im Alten Orient sind unglaublich dürftig, viel dürftiger als etwa für die Zeit der gut hundertjährigen assyrischen Vorherrschaft. Vor allem sind die beiden wichtigsten berichtenden Texte der Bibel für diese Zeit, die Bücher Esra und Nehemia, in ihrer historischen Aussagekraft sehr umstritten. Drei Prophetenschriften von geringem Umfang stammen aus dieser Zeit: vom Anfang der Epoche Haggai und Sacharja, etwas später ist Maleachi. Die Klage über das Fehlen von Quellen und über die Dürftigkeit und Unzuverlässigkeit der wenigen, die es gibt und die den kritischen Leser oft mit wenig mehr als Fragezeichen, Spekulation und Frustration zurücklassen, bildet den Cantus firmus vieler Darstellungen dieser Epoche. Je spärlicher und problematischer die Quellen sind, umso umfangreicher und vielgestaltiger werden die Hypothesen und Spekulationen, und so ist in den letzten Jahren alles Mögliche und Unmögliche in die Perserzeit datiert worden.
Unter persischer Oberherrschaft wurde das von Nebukadnezzar zerstörte Jerusalem allmählich neu aufgebaut. Die Stadt beschränkte sich jetzt allerdings wieder auf den Ost-Hügel (vgl. **Abb. 6**,4). Dabei blieb der seit der Gründung der Stadt stets überbaute Ostabhang über der Gihon-Quelle erstmals unbesiedelt. Für die weitere Geschichte der Stadt von zentraler Bedeutung war der Wiederaufbau des Tempels.
Die diesbezüglichen Überlegungen und Anstrengungen bestimmen die Überlieferung der frühnachexilischen Phase (Haggai, Sacharja). Sogar die Extremposition, keinen Tempel mehr zu bauen, scheint vertreten worden zu sein (Jes 66,1). Durchgesetzt hat sich die traditionellere Position Sacharjas und besonders Haggais, es schicke sich nicht, dass die Bewohner Jerusalems in neu errichteten Häusern wohnen, während das Haus JHWHs in Trümmern liege. So müsse der Gemeinschaft der Segen Gottes fehlen (Hag 1,4–11). Bei aller Traditionsverbundenheit flossen besonders bei Sacharja auch neue zeitgenössische Motive in seine Visionen ein, so z. B. wenn er in seiner zentralen Vision den Neuanfang göttlichen Wirkens in einer von zwei Bäumen bzw. von zwei Menschen flankierten Lampe symbolisiert sieht (Sach 4,1–6a.10b–14),

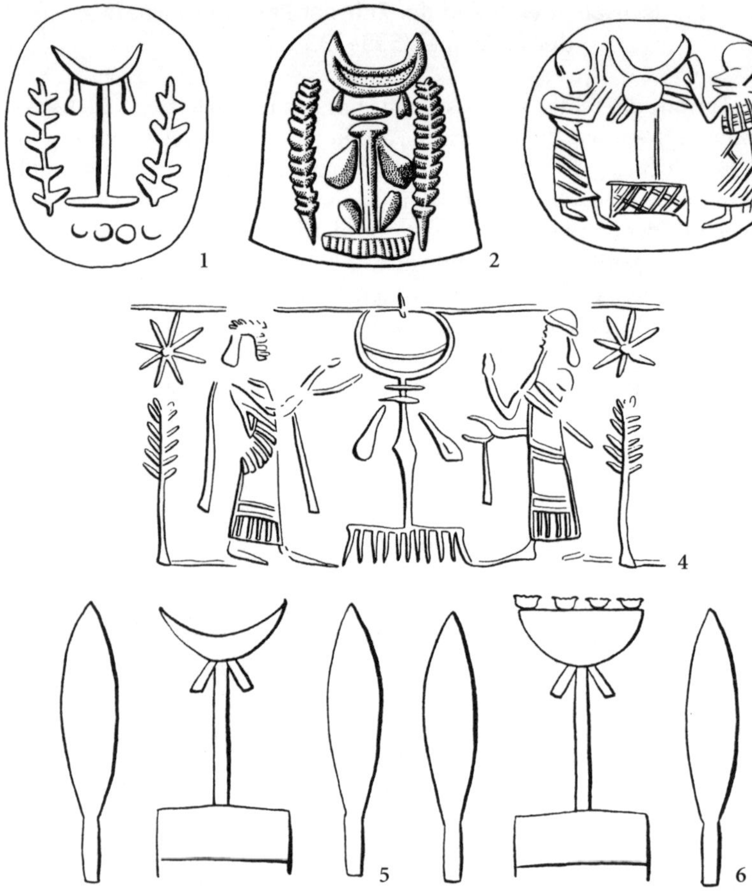

64,1–6 Drei Stempelsiegel aus Syrien und Palästina zeigen das Neumondemblem von Haran, das von zwei Bäumen oder zwei Menschen flankiert wird, die wie in der Vision von Sacharja 4 austauschbar erscheinen (7. Jh. v. Chr.). Auf dem neuassyrischen Rollsiegel **64**,4 flankieren Bäume und Menschen gleichzeitig das Emblem (8. Jh. v. Chr.). Die schematischen Zeichnungen **64**,5–6 des Mondemblems und des Leuchters zwischen den Bäumen zeigen die formale Ähnlichkeit derselben. Die inhaltliche Ähnlichkeit ist durch das Verständnis des Mondes als Leuchter (Gen 1,14–16) gegeben.

eine Konstellation, die das Bild des von Nabonid so hoch verehrten Mondgottes von Haran aufnimmt (**Abb. 64**).
Im Gegensatz zu den großen Visionen Jesajas und Ezechiels verwendet Sacharja keine anthropomorphen Elemente, um Gott visuell zu vergegenwärtigen. In Sach 6,1–8 bringen Pferdewagen den Geist JHWHs über die ganze Erde. Das Bild erinnert an zahlreiche persische Münzen, die den Großkönig zeigen, wie er in einem Pferdewagen huldvoll seine Gebiete bereist (**Abb. 65**).
Bei Maleachi wird in 3,20 das Bild von der aus mesopotamischen (Gerechtigkeit) und ägyptischen Elementen (Flügel, Heilung) kombinierten Sonne (vgl. **Abb. 34**,2–3;

1 2

65,1–2 Diese Münzen aus Sidon und Samaria zeigen den Perserkönig, der friedlich grüßend und segnend im Wagen stehend das Land durchzieht (5./4. Jh. v. Chr.).

58,1) wieder aufgenommen, wenn er verkündet: »Für euch aber, die ihr meinen Namen fürchtet, wird die Sonne der Gerechtigkeit aufgehen, und in ihren Flügeln ist Heilung« (3,20).
Der Tempel und sein Kult erhielten im Lauf der Perserzeit zentrale Bedeutung, wie die Mythologisierung in 1–2Chr am eindrücklichsten bezeugt. Wahrscheinlich sind erst jetzt die verschiedenen Rituale, die dort vollzogen wurden, ausführlich schriftlich fixiert worden. Es sind dies die wichtigsten täglichen Opferarten und die Feste, wie das Neumondfest, das Pessach- und das Fest der ungesäuerten Brote (*mazzot*), das Wochenfest und die großen Herbstfeste, vor allem der Versöhnungstag (*jom kippur*) und das Laubhüttenfest (*sukkot*). Bei allen diesen Festen, auch wenn sie wie das Pessach-Osterfest eng mit historischen Ereignissen verbunden wurden, sind als Grundlage immer noch deutlich Vorgänge des Naturjahrs festzustellen, in einzelnen Fällen ohne jede historische Anreicherung, so etwa beim Neumondfest.
Der oberste Beamte des Tempels, der Hohepriester, gewann in der Perserzeit an Gewicht (vgl. **Abb. 69**), blieb aber bis zum Ende dieser Periode deutlich dem Statthalter untergeordnet. Es ist nicht eindeutig, wie weit der Tempel bereits in dieser Zeit zu einem Zentrum und Wallfahrtsort für die weit verstreute jüdische Diaspora wurde. Erste Ansätze zu dieser Entwicklung sind wahrscheinlich. Ein geistiger Orientierungspunkt (Anfragen aus Elephantine, Gebetsrichtung der babylonischen Diaspora) wurde er jedenfalls. Die Position als Zentrum einer »weltweiten« Gemeinschaft hat die Geschichte Jerusalems in der hellenistischen und römischen Zeit zunehmend stark geprägt.
Im Gegensatz zum Tempel konnte die zweite Säule des vorexilischen Juda, die davidische Dynastie, in nachexilischer Zeit nicht wieder errichtet werden. Offensichtlich gab es Bemühungen in dieser Richtung, die ganz im Sinne der »Volksklagelieder« waren. In der Haggai- wie in der Sacharja-Schrift finden sich deutliche Hinweise auf den Versuch, den Daviden Serubbabel zum König zu machen. Er führte nicht zum Ziel. Die kleine Provinz wurde von einem persischen Statthalter regiert. Ihr aramäischer Name »Jehud« ist durch zahlreiche Siegelabdrücke bezeugt (**Abb. 66**).

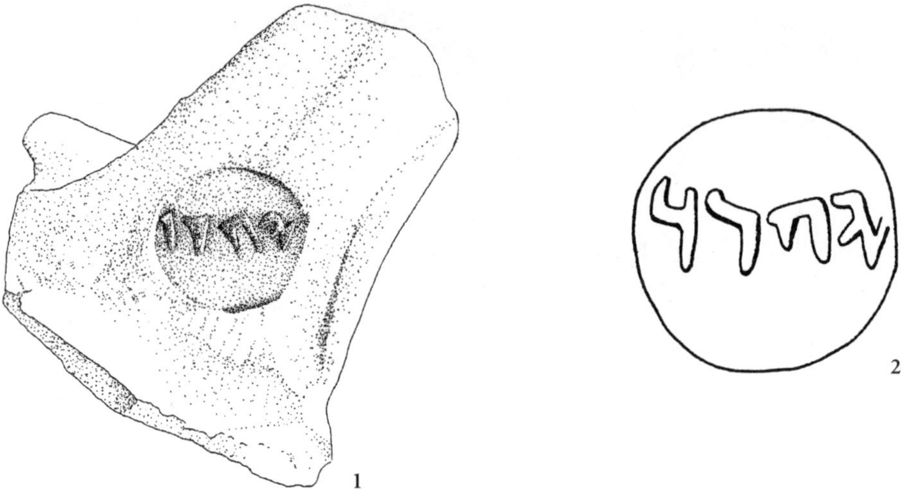

66,1–2 Abdrücke von Siegeln der Provinz Jehud aus Jerusalem und Ramat Rahel, auf denen der Name plene, d.h. mit *w* geschrieben ist (Ende 6.–4. Jh. v.Chr.).

Während der Perserherrschaft kommen in der Provinz auch erstmals Münzen in Umlauf, wenn auch in geringem Umfang (**Abb. 67–68**).

Erst am Ende der Perserzeit tauchen zum ersten Mal Münzen auf, die im Auftrag eines Priesters geprägt worden sind (**Abb. 69**).

Die Hoffnung auf eine Wiederherstellung der Daviddynastie verlagerte sich in die Zukunft und wurde ein Element eschatologischer Erwartungen, allem voran die Hoffnung auf einen künftigen Heilskönig, den Messias. Insofern die Restauration des davidischen Königtums nicht gelang, blieb diese unvollständig.

Längerfristig geschichtsmächtiger als der Wiederaufbau des Tempels war die Entstehung einer neuen religiösen Form. Neben den Tempel trat die Beschäftigung mit der schriftlich niedergelegten Weisung, der Tora, den fünf Büchern Moses. Wann genau diese in der uns bekannten Form vorlagen, ist umstritten, wahrscheinlich in der Mitte oder gegen Ende der Perserzeit. In der schwer fassbaren Figur Esras tritt ein neuer Typ von *homo religiosus* in Erscheinung, dessen ganzes Bemühen und Bestreben einer profunden Kenntnis des »Gesetzes« und seiner Durchsetzung im täglichen Leben gelten. Die Tora begann den Platz einzunehmen, den in den altorientalischen Kult- und Ritualreligionen, zu denen mit dem Tempelkult auch der israelitische Kult bis 70 n.Chr., als der 2. Tempel definitiv zerstört wurde, noch gehörte, das Kultbild oder Kultsymbol einnahm. »Sie breiteten die Gesetzesrolle aus, um eine Entscheidung zu erhalten, so wie fremde Völker ihre Götterbilder befragen« (1Makk 3,48). Ein Kultobjekt scheint im 2. Tempel bereits gefehlt zu haben. Das Konzept der Priesterschrift, nämlich eine durch Kapporet und Kerubim ergänzte Lade (vgl. **Abb. 62**), wurde anscheinend nie realisiert. Das Allerheiligste blieb nach allen verfügbaren Quellen leer und das Tempelhaus als solches war das Sakrament der Gegenwart Gottes. In Neh 8 wird der erste Wortgottesdienst beschrieben, eine Form, die den gemein altorientalischen (und antiken) Opferkult ablöste und später in Synagogen, Kirchen und Mo-

67 Singuläre Münze. Auf der einen Seite die Aufschrift »Jehud« oder »Jahu« und eine männliche Gestalt auf dem Flügelrad; sie könnte JHWH als Dionysos darstellen. Zu Dionysos passt die Maske rechts unten am Bildrand. Auf der anderen Seite ein bärtiger (doppelt geprägter?) Männerkopf mit korinthischem Helm, wahrscheinlich der Satrap der Satrapie Transeuphratene (um 380 v. Chr.).

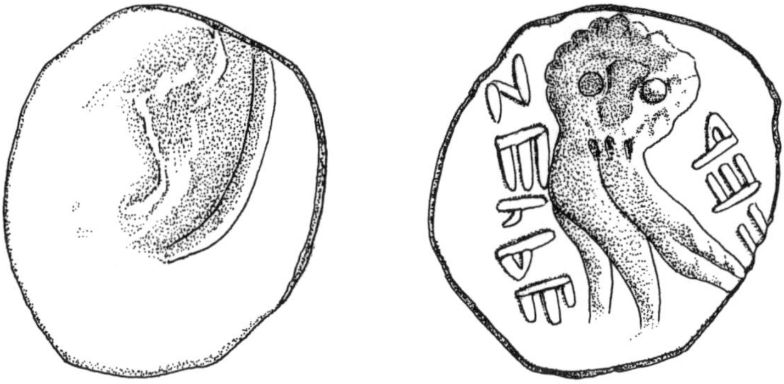

68 Statt des Kopfs der Athena, wie er auf den Vorbildern für diese Münze zu sehen ist, zeigt die vorliegende ein Ohr. Die Eule ist mit der aramäischen Inschrift »Jehud« und der hebräischen »Jehuda« kombiniert (4. Jh. v. Chr.).

69 Judäische Münze mit der athenischen Eule und der Inschrift »Johanan, der Priester« auf der einen und einem menschlichen Gesicht en face auf der anderen Seite (um 330 v. Chr.).

scheen zur vorherrschenden Gottesdienstform wurde. Die älteste, archäologisch nachgewiesene Synagoge in Palästina stammt allerdings erst aus der folgenden Epoche, aus der hellenistischen Zeit.
In der Gestalt Nehemias verbindet sich die Sorge um den traditionellen Tempelkult mit dem Bemühen, mindestens einzelne Aspekte der Tora, wenn nötig mit Gewalt, durchzusetzen. Damit einher geht eine gewisse Tendenz zur Ghettoisierung (Ablehnung samarischer Kooperation beim Tempelbau, Mauerbau, Bedeutung der Abstammung, Mischehenpolemik). Den partikularistischen Positionen Nehemias sind die der Maleachi-Schrift verwandt. Gott wird im Bild des Statthalters vorgestellt, dessen Wohlwollen man sich durch kostbare Geschenke und regelmäßige Abgaben erhält. 1–2Chr haben zwar zur Mythisierung des Jerusalemer Kults wesentlich beigetragen, indem sie Mose David als Kultgründer an die Seite stellten und so die fehlende Legitimation durch die Tora wettmachten. Besonders wichtig war ihnen die Tempelmusik mit ihren Instrumenten und Sängern. Da die Priesterschrift diesbezüglich keine detaillierten Angaben machte, führen die Chronikbücher sie in allen Details auf David zurück. In den Chronikbüchern werden alle Nachrichten über dunkle Aspekte Davids weggelassen. Seine ganze Leidenschaft geht dahin, aufgrund göttlicher Inspiration den Jerusalemer Kult, besonders die Tempelmusik, zu initiieren. Diese stellte wie die Tracht des Hohenpriesters ein wesentliches ästhetisches Element des 2. Tempels dar. Dieser Aspekt wird z.B. in Jesus Sirach in Zusammenhang mit dem Hohenpriester Simeon hymnisch gefeiert (50,5–19). Im Gegensatz zu Nehemia befürworteten 1–2Chr aber eine Beteiligung der Bewohner des ehemaligen Nordreiches am Jerusalemer Kult.

Die Gegner Nehemias und Vertreter eines offeneren, weniger partikulären JHWHismus dürften in Büchern wie Rut, Spr 1–9, Ijob und Jona Ausdruck gefunden haben. Das Büchlein Rut zeigt, dass die »Tochter eines fremden Gottes« (vgl. Mal 2,11) eine sehr gute Jüdin, die Ahnfrau Davids, ja, eine Verkörperung lebensfreundlicher und -fördernder Weisheit werden kann.
Spr 1–9 führen eine Weisheit vor, die nicht in der Tora auf dem Zion Gestalt annimmt (Sirach 24), sondern weltweit als Prinzip der Schaffenslust und menschenfreundlicher Lenkung im Kosmischen und im Politischen aktiv ist.
Die 1. Gottesrede im Buche Ijob (38–39) vermeidet die den Nationalreligiösen so teure Schwarz-Weiß-Malerei, die den Gegner als Drachen sieht, dem einzig Tod und Verderben zustehen (vgl. Ps 74 und 89).
Das Büchlein Jona spottet über einen Propheten, der sich als Vertreter des einen universalen Schöpfergottes versteht, gleichzeitig aber glaubt, vor diesem in ein fernes Land fliehen zu können, und der nicht versteht, dass diesem Gott andere Menschenleben ebenso teuer und lieb sind wie sein eigenes.
Leider sind Gruppen mit einer beschränkten, klar umrissenen und deshalb intensiven und bedeutungsvollen, im schlimmsten Fall als göttlich legitimiert verstandenen Identität häufig entschlossener und opferbereiter als Gruppen mit einer über alle Schranken hinweg menschenfreundlichen Haltung. In Zeiten der Not wie während der Verfolgung durch Antiochus IV. (s. nächstes Kapitel) oder im Deutschland nach dem 1. Weltkrieg können solche gläubig opferbereiten, aggressiven partikularistischen Gruppen zum Schaden eines Volkes und einer Nation leicht die Oberhand gewinnen.

12. Auseinandersetzung mit dem Hellenismus – Jerusalem von Alexander d.Gr. bis Pompeius (333–63 v. Chr.)

Die Epoche begann eigentlich im Frühjahr 334 v. Chr., als Alexander d.Gr. den schon von seinem Vater Philippus geplanten Feldzug gegen das riesige Perserreich begann. Alexanders offizielle Begründung war doppelt, einerseits Rache für die Verwüstung Griechenlands und vor allem die Zerstörung der Tempel Athens durch den Perserkönig Xerxes im Jahre 480 v. Chr., andererseits die Befreiung der griechischen Städte Kleinasiens (Ephesus, Milet, Halikarnass etc.) von der persischen Herrschaft. Wesentlicher waren für Alexander aber wohl der Ruhm, den er sich erwerben, und die unermessliche Beute, die er gewinnen konnte. In zwei großen Schlachten am Issos im nordwestlichsten Syrien (333 v. Chr.) und bei Gaugamela im nördlichen Mesopotamien (331 v. Chr.) besiegte Alexander den letzten Perserkönig Darius III. vernichtend. Der ganze Nahe und Mittlere Osten kamen so unter griechisch-makedonische Herrschaft.

Die hellenistische Epoche endete 63 v. Chr. mit dem Feldzug des Römers Pompeius gegen die Seleukiden. Er führte das Ende des Reiches der Erben Alexanders in Vorderasien herbei.

Im Hinblick auf Jerusalem kann man die ganze Epoche in eine früh- und eine späthellenistische einteilen. Während der ersten wurde Jerusalem weitgehend von den Erben Alexanders in Ägypten, den Ptolemäern, beherrscht. Während der zweiten, vorerst von den Seleukiden beherrschten Phase konnte Jerusalem sich von deren Oberherrschaft befreien und Zentrum eines unabhängigen Palästinas werden.

Die zunehmende Schwäche der von Rom bedrängten Seleukiden erlaubte der autochthonen Hasmonäerdynastie, für ca. 70 Jahre einen unabhängigen jüdischen Staat zu errichten, den letzten bis 1948 n. Chr. Er erstreckte sich über große Teile Palästinas. Einmal mehr bestätigte sich die These, dass Jerusalem eine ausgezeichnete Position besaß, um bei fehlender Fremdherrschaft die Kontrolle über das ganze Land auszuüben.

Griechische Händler und Söldner hatten schon lange vor Alexander Elemente der griechischen Zivilisation nach Palästina gebracht. Eine umfassende Beeinflussung durch die griechische Kultur und eine Auseinandersetzung mit ihr in allen Lebensbereichen (Technik, Politik, Gesellschaft, Religion) begann jedoch erst mit der Vorherrschaft der Erben Alexanders, den Diadochen. Je nach Substratkultur bedeutete »Hellenismus« etwas anderes. Schon die Bereitschaft, sich auf etwas Neues einzulassen, war in verschiedenen Regionen und Gruppen unterschiedlich. In dem von Alexander d.Gr. gegründeten Alexandria mit seiner aus allen Teilen Ägyptens und Vorderasiens zusammengeströmten Mischbevölkerung war sie natürlich größer als bei einer altverwurzelten jüdischen Bevölkerung eines judäischen Dorfs. Zudem ergab die Hellenisierung etwa der polytheistischen Götterwelt Ägyptens ein völlig anderes Ergebnis als die des jüdischen Monotheismus.

Der Zusammenbruch des 200 Jahre alten Perserreiches war so überraschend gekommen, dass vorerst manche nicht so recht daran zu glauben vermochten. Das galt etwa für die Stadtväter von Tyrus und den persischen Statthalter von Gaza. Diese leisteten Alexander auch militärischen Widerstand. Mit Einfallsreichtum (Bau eines Dammes

70,1–3 Münzen mit dem Adler der Ptolemäer und der althebräischen Inschrift »Jehuda« bzw. »Jehud« auf der einen und dem Kopf Ptolemäus' II. (282–246 v. Chr.) auf der anderen Seite. Eine Münze (**70**,3) aus der gleichen Zeit zeigt die Profile Ptolemäus' II. und seiner Schwester-Gemahlin Arsinoë II. und die Inschrift »Jehud«.

zur Insel Tyrus) und ungewohntem persönlichen Einsatz (Verwundung vor Gaza) eroberte Alexander jedoch beide Städte.
Für Jerusalem änderte sich vorerst nur die Adresse der Steuerabgaben. Der Besuch Alexanders in Jerusalem und seine Verehrung des dort verehrten Gottes ist Legende. Sie zeugt einzig von einem großen Selbstbewusstsein gewisser Jerusalemer Kreise.
Nach dem frühen Tod Alexanders 323 v. Chr. in Babylon blieb Palästina – wie so oft in seiner Geschichte – ein Zankapfel zwischen den Erben Alexanders in Ägypten, den Ptolemäern, und denen in Vorderasien, den von Antiochia aus regierenden Seleukiden. Während fast 100 Jahren konnten sich die Ptolemäer, wenn auch nie unangefochten, in Palästina behaupten. Zuerst ging die Verwaltung, wie u. a. ptolemäische Jehud-Münzen zeigen (**Abb. 70**) im herkömmlichen Stil weiter. Bald aber setzte sich der ptolemäische Staatsmerkantilismus durch, der auf dem ganzen Staatsgebiet den ausschließlichen Gebrauch der ptolemäisch-alexandrinischen Währung vorschrieb. Weltgeschichtliche Folgen hatte unter Ptolemäus II. (282–246 v. Chr.) die Übersetzung der fünf Bücher Mose, der Tora, ins Griechische, der etwas später nach und nach die Übersetzungen der anderen Schriften der Hebräischen Bibel folgten. Die Hebräische Bibel war damit die einzige altorientalische Literatur, die ins Griechische und

später ins Lateinische übersetzt in der westlichen Welt lange vor der Neuzeit bekannt wurde und sie während Jahrhunderten vielfach grundlegend beeinflusste. Andere schriftliche Originalzeugnisse des Alten Orients sind Europa erst mehr als 2000 Jahre später durch die Entzifferung der Hieroglyphen und der Keilschrift im 19. Jh. n. Chr. zugänglich gemacht geworden. Weder die klassischen mesopotamischen Texte wie der Kodex Hammurabi oder das Gilgamesch-Epos noch die bedeutenden ägyptischen Weisheitslehren oder die großartigen Sonnenhymnen sind in hellenistischer Zeit ins Griechische übertragen worden. Erst dank englischer, französischer, deutscher und anderer Übersetzungen in moderne Sprachen im 19. und vor allem im 20. Jh. n. Chr. brachten diese Schätze für eine größere westliche Öffentlichkeit ans Licht. Die Überraschung war groß, als viele dieser Texte, die während zwei, drei Jahrtausenden im Staub gelegen hatten, sich als gar nicht so fremd erwiesen. Manche Sätze des Kodex Hammurabi kannte man aus dem so genannten »Bundesbuch« in Ex 21,1–23,33. Die Sintflutgeschichte auf der 12. Tafel des Gilgamesch-Epos erwies sich als polytheistische Vorlage der beiden monotheistischen Fassungen in Gen 6,1–9,29. Der Abschnitt Sprüche 22,17–24,22 hat sich als Bearbeitung eines Teils der »Lehre des Amenemope« erwiesen und Ps 104 erinnert in vielem an ägyptische Sonnenhymnen. In Jerusalem sind offensichtlich manche Texte der altorientalischen Literatur bekannt gewesen und ins Hebräische übersetzt und im Sinne der eigenen Tradition bearbeitet worden.

Die Übersetzung der hebräischen Schriften ins Griechische diente vorerst der großen jüdischen Gemeinde in Alexandrien. Wahrscheinlich fand sie auch Verwendung in ihren Gottesdiensten. Möglicherweise interessierte sich zudem die dortige, von den Ptolemäern gegründete, bedeutendste Bibliothek der Antike für diese Schriften. Nach der ältesten Darstellung der Geschichte dieser Übersetzung im so genannten »Aristeasbrief« (um 150 v. Chr.) war letzteres der Fall. Die Übersetzung wurde laut dieser Quelle in engster Zusammenarbeit zwischen Alexandria und der jüdischen Priesterschaft von Jerusalem von 70 (Septuaginta), genau 72 Gelehrten (sechs aus jedem der 12 Stämme) erarbeitet. Die Septuaginta hat die Inkulturation der Synagogen im Mittelmeerraum ermöglicht. Ohne diese wären das Werk des Paulus und die rasche Ausbreitung des Christentums nicht möglich gewesen. Im Neuen Testament sind 300 der 360 Zitate aus der Hebräischen Bibel nachweislich der Septuaginta entnommen und nicht direkt aus der Hebräischen Bibel übersetzt worden. Der enge Kontakt der sehr großen und einflussreichen jüdischen Gemeinschaft in Alexandria mit Jerusalem wurde zu einem Modell des Verhältnisses zwischen Mutterstadt und Diaspora. Jerusalem wurde zunehmend Zentrum der über den ganzen Mittelmeerraum und weite Teile von Vorderasien verstreuten jüdischen Gemeinden.

Die innere Organisation der ptolemäischen Provinz Jehud entsprach weitgehend jener der persischen Zeit. Es scheint etwas wie zwei Steuersysteme gegeben zu haben, ein profanes für die Abgaben an die Ptolemäer und ein sakrales für die Abgaben an den Tempel (**Abb. 71**). Neulich haben Bocher und Lipschits (2013) die Stempel von Abb. 71 mit guten Gründen einer späteren, nämlich der hasmonäischen Zeit zugewiesen.

In vorexilischer Zeit war der König auch finanziell für den Kult am Jerusalemer Tempel verantwortlich. In nachexilischer Zeit wollten weder die persischen noch die ptolemäischen Herrscher diese Verantwortung übernehmen. Der in der nachexilischen

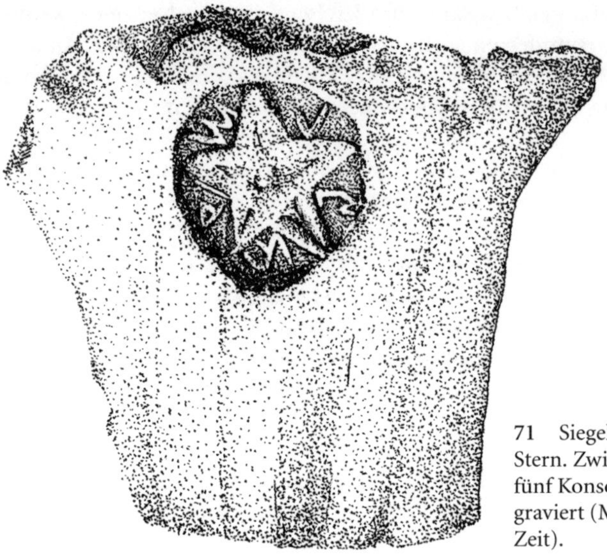

71 Siegelabdruck mit fünfzackigem Stern. Zwischen die Zacken sind die fünf Konsonanten von »Jeruschalem« eingraviert (Mitte 2. Jh. v. Chr., hasmonäische Zeit).

Literatur oft erwähnte Zehnte (Gen 14,20; Neh 10,37f; Mal 3,8–10) musste diese Lücke schließen.

Ein von den Ptolemäern eingesetzter Beamter, der mit seinem Stab in der Akra, einer burgähnlichen Anlage südlich des Tempels, residierte, kontrollierte den Hohenpriester. Dessen Bedeutung wuchs in dieser Periode dank der zunehmenden internationalen Bedeutung des Jerusalemer Kults ständig.

Mit der religiösen Bedeutung und dem Staatsmerkantilismus kam auch Reichtum nach Jerusalem, wie die von Flavius Josephus überlieferte Geschichte vom Tobiaden Josef, dem ersten jüdischen Großbankier, zeigt. In diesem Milieu entwickelte sich eine weitgehend profane Symposionskultur. Ihre Präsenz in Jerusalem wird archäologisch durch Massen von Krughenkeln rhodischer Weinamphoren belegt (**Abb. 72**).

Ihren literarischen Ausdruck hat die Kultur in der Schrift Kohelet (Prediger) mit seiner Minimal-Theologie des gottverdankten Lebensgenusses gefunden. Stärker als Kohelet versucht Jesus Sirach, jüdische Traditionen und Werte mit dem Hellenismus zu verbinden. Er lässt die kosmische Weisheit in Jerusalem Wohnsitz nehmen und in der Tora Gestalt gewinnen (Sir 24). Das Wirken Gottes in der Geschichte wird im »Lob der Väter« zu einem Wirken vorbildlicher Männer, die durch ihre Tugenden hervorstachen.

Am Übergang vom 3. zum 2. Jh. v. Chr. gelang es Antiochus III. (223–187 v. Chr.) die Ptolemäer aus Palästina zu vertreiben. Da Jerusalem den sich anbahnenden Wandel schnell erkannt und rechtzeitig die Seite gewechselt hatte, erhielt es allerhand Steuerprivilegien und die feierliche Zusage, nach den offensichtlich bereits als andersartig wahrgenommenen väterlichen Gesetzen leben zu dürfen. Im Jahre 190 v. Chr. unterlag Antiochus III. in einer Entscheidungsschlacht im westlichen Kleinasien bei Magnesia den Römern. Der von Rom auferlegte über zwölf Jahre zu bezahlende gigantische Tribut von 12000 Talenten – d.h. 360000 kg oder nach anderen Berech-

72,1–5 Gefäßhenkel von Weinamphoren vom Süd-Ost-Hügel (Davidstadt) mit Stempelabdrücken der Lieferanten. Neben profanen Symbolen, wie der Rose von Rhodos, finden sich auch Göttersymbole, so der Kopf des Sonnengottes, der Dreizack des Poseidon, der Stab des Hermes (= Caduceus), der Feststrauß des Dionysos (=Thyrsos) (ca. 260–150 v. Chr.).

nungsgrundlagen noch mehr – Silber brachte die Seleukiden in permanente Geldnot. Diese belastete zunehmend auch das Verhältnis zwischen Antiochia und Jerusalem. Konzentrierten Ausdruck fand sie in der in 2Makk 3 (vgl. Dan 11,20) in Form einer Legende erzählten Heliodor-Affäre. Ihr historischer Kern dürfte der Versuch der Seleukiden gewesen sein, durch einen ihrer Beamten, den Heliodor der Legende, den Jerusalemer Tempelschatz für die seleukidische Staatskasse besser zu nützen. Das Motiv der himmlischen Reiter, die das verhindern, verwendet ein Element der Alexander-Ikonographie, der zu Pferd seine Feinde niederkämpft (**Abb. 73**).
Folgenreicher war die ebenfalls in der notorischen seleukidischen Geldnot begründete Praxis, das Hohepriesteramt von den Seleukiden zu kaufen. Das tat zuerst der griechenfreundliche Jeschua-Jesus, gräzisiert Jason, und dann der noch mehr dem Hellenismus zuneigende Menelaus (2Makk 4,7–10.26). Institutionell war das möglich, weil in Jerusalem wie überall im Alten Orient das höchste Priesteramt von der höchsten Staatsmacht wahrgenommen bzw. vergeben wurde. Beide auf diese Weise an die Macht gekommenen Hohenpriester bemühten sich, hellenistische Institutionen wie die systematische geistige und neu körperliche Ertüchtigung (Gymnasium) besonders der jungen Männer (Ephebie) in Jerusalem einzuführen. Das bedeutete

73 Von seinem sich aufbäumenden Pferd aus zwingt Alexander d.Gr. einen Gegner nieder. Ausschnitt vom Alexandersarkophag aus Sidon. Alexander trägt den Löwenhelm des Herakles und das Widdergehörn des Amun (um 300 v. Chr.).

keineswegs eine grundsätzliche Infragestellung der jüdischen Religion. Von traditionell eingestellten Kreisen wurde sie aber in manchem als solche wahrgenommen. Leider sind keine Texte der dem Hellenismus freundlichen jüdischen Position dieser Zeit erhalten. Wir kennen sie nur aus den polemisch abwertenden Darstellungen ihrer Gegner.

Antiochus IV. (175–164 v. Chr.), ein überdurchschnittlich fähiger Herrscher (**Abb. 74**), versuchte dem römischen Druck ein Gegengewicht zu schaffen, indem er das syrisch-seleukidische und das ägyptisch-ptolemäische Reich zu vereinen suchte. Das widersprach Roms *divide et impera* Politik. Es verhinderte die Absicht des Antiochus. In dieser kritischen Situation versuchte der von den Seleukiden durch Menelaus ersetzte Hohepriester Jason die Macht zurück zu gewinnen. Antiochus IV. interpretierte das als Rebellion, die durch verschiedene Schritte niedergeworfen und bestraft werden musste. Der originellste war der sorgfältig organisierte Versuch, diejenigen Praktiken der jüdischen Religion in Jerusalem abzuschaffen, die von der hellenistischen Welt als Abirrungen wahrgenommen wurden.

Hellenistische Philosophen, die mit dem jüdischen Glauben in Kontakt gekommen waren, hatten seit dem 3. Jh. v. Chr. zwischen Aspekten des Judentums, die sie bewunderten, und solchen, die sie verachteten, unterschieden. Zu ersteren gehörten der Glaube an einen einzigen Gott, der in der hellenistischen Interpretation oft mit dem »Himmel« in eins gesetzt wurde, die Bildlosigkeit seines Kults und hohe ethische Forderungen. Zu den Zügen am Judentum, welche die hellenistische Welt verachtete, zählte alles, was die Juden im Alltag von ihrer Umgebung schied wie Speisetabus, Sab-

74 Tetradrachme Antiochus' IV. Auf der einen Seite ist der Porträtkopf mit Diadem, auf der anderen der thronende Zeus zu sehen. In der vorgestreckten Hand hält er die Figur der Siegesgöttin Nike. Die Inschrift rechts lautet »des Königs Antiochus«, die links »des offenbar gewordenen Gottes«. Unter dem thronenden Zeus steht »des Siegbringers« (ca. 167–164 v. Chr.).

bat und Beschneidung. Antiochus verbot als Strafe und als Reformversuch letztere. Er soll im Jerusalemer Tempel die Darbringung von Schweineopfern angeordnet haben. Das Danielbuch, das älteste Zeugnis zu diesem Versuch, registriert vor allem Veränderungen im Opferbetrieb, deren schlimmste der »verwüstende Gräuel« (weniger wahrscheinlich: »der Gräuel des Verwüsters«) war (Dan 8,13; 11,31–33). Josephus und hellenistische Schriftsteller informieren darüber, dass es sich im Klartext um die Einführung von Schweineopfern handelte. Weitere Maßnahmen waren die Abschaffung des Sabbats und der Beschneidung. Die Märtyrer und Märtyrerinnen, die es in diesem Zusammenhang gegeben haben soll, starben, weil sie diese Praktiken nicht aufgeben wollten (1Makk 1,60–64; 2,29–38; 2Makk 7).
Paulus wird diese Praktiken dann nicht mit Gewalt, sondern mit Hilfe theologischer Reflexionen abschaffen. Die Grenze zwischen den positiv wahrgenommenen jüdischen Elementen, dem Eingottglauben, der Bildlosigkeit, den hohen ethischen Forderungen wie der Ablehnung von Kindsaussetzungen, Gladiatorenspielen und grundsätzlich auch der Sklaverei und den negativ wahrgenommenen wie Speisetabus, Sabbat und Beschneidung verläuft bei Paulus weitgehend auf der vom Hellenismus und dem Reformversuch Antiochus' IV. vorgezeichneten Linie. Die Ablehnung der Identität stiftenden Bräuche erlaubte eine Universalisierung des Christentums. In Bezug auf die positiv wahrgenommenen Aspekte wurde einzig der strenge, bildlose jüdische Monotheismus nicht tale quale übernommen, sondern durch den als Mensch erschienenen Gott und die Vorstellung von den drei in Liebe vereinigten Personen gemildert.

Der Islam hingegen hat nicht nur den strengen, bildlosen Monotheismus, sondern auch die Beschneidung und das Schweinefleischtabu übernommen. Mohammed anerkannte Jesus im Gegensatz zum Judentum als größten jüdischen Propheten, lehnte seine Göttlichkeit im Gegensatz zum westlichen Christentum jedoch ab. Das Judentum ist mehr als eine Religion (E. Brocke). Es ist zugleich eine Kultur- und

Volksgemeinschaft. Theologisch gesehen repräsentiert das Judentum die Würde einer jeden Volksgemeinschaft und deren Identitätszeichen. Jede Volksgemeinschaft kennt Speisetabus, auch wenn sie im Gegensatz zum Judentum nicht religiös verankert sind. Mohammed steht mit seinem Versuch, eine Gemeinschaft, die Umma, aus verschiedenen Völkern aber durchaus politischer Natur zu bilden, zwischen dem betonten Volksein des Judentums und dem angestrebten Universalismus des Christentums. Das Christentum verzichtete mit seinem universalen Anspruch mindestens ursprünglich weitgehend auf politische Konkretisierung. So gewann jede der aus dem altisraelitischen Monotheismus hervorgegangenen monotheistischen Religionen besonders in ihrer gesellschaftlichen Gestalt eine eigene Färbung und eigene Stärken und Schwächen. Man sollte die Stärken nicht als konträre, sondern als komplementäre Phänomene sehen und die Schwächen, wo immer sie sich finden, aufzeigen.

Bereits 1Makk, ganz besonders dann aber die christliche Rezeption der makkabäischen Märtyrergeschichten hat in den Bestrafungs- und Reformmaßnahmen Antiochus' IV. den Versuch gesehen, Israel zum Götzendienst zu zwingen. Das scheint nicht den historischen Tatsachen zu entsprechen.

Gegen die Versuche Antiochus' IV. formierte sich militärischer Widerstand, der von der Familie der Hasmonäer-Makkabäer am erfolgreichsten geführt wurde. Sie kämpften schon bald nicht mehr nur für eine freie Ausübung der traditionellen Gesetze, sondern für eine totale politische Unabhängigkeit von den Seleukiden. Diese konnten nach 1Makk nur die Makkabäer mit ihrem Eifer garantieren. Aufgrund desselben stand ihnen auch nach dem Paradigma des Eiferers Pinhas die Hohepriesterwürde zu (Num 25,6–13; 1Makk 2,54), die traditionell ausschließliches Privileg der Aaroniden bzw. Zadokiden war, zu denen die Makkabäer nicht gehörten. Nach anfänglichen Rückschlägen konnten die Makkabäer ihre Ansprüche auf totale Unabhängigkeit durchsetzen, und das dank des maroden Zustands, in dem sich das Seleukidenreich wegen des anhaltenden römischen Druckes und einer Reihe von Thronwirren befand. Hilfreich war für die Hasmonäer auch das römische Wohlwollen. In 1Makk 8 werden die später so verhassten Römer noch in höchsten Tönen gelobt.

Die Tatsache, dass die Hasmonäer-Makkabäer sich das Hohepriesteramt anmaßten, das ihnen aus genealogischen Gründen nicht zustand, und dieses zudem in Verbindung mit einem kriegerischen Königtum ausübten, haben viele jüdische Gruppierungen abgelehnt, so die Qumran-Gemeinde und die Pharisäer. Letztere begnügten sich mit der Möglichkeit, den in der Tora formulierten väterlichen Gesetzen gewissenhaft und in allen Details nachleben zu können. Das 2. Makkabäerbuch, das ihnen im Gegensatz zum 1. Makkabäerbuch nahe steht, findet das zentrale hasmonäische Anliegen, die Erkämpfung der politischen Unabhängigkeit, generell unnötig. Dem 2. Makkabäerbuch und den Pharisäern genügte die seleukidische, schon durch Antiochus IV. vor seinem Tod und dann durch Antiochus V. gewährte Garantie der freien Ausübung der väterlichen Religion. Das Problem der Märtyrer löst 2Makk 7 mit einem auf der Gerechtigkeit und Schöpfermacht Gottes basierenden, für das Judentum neuen Auferweckungsglauben. In viele jüdische Kreise (Makkabäer, Sadduzäer) fand dieser lange keinen Eingang. In anderen Gruppen (Weisheit Salomos, Pharisäer, Christentum, Islam) erlangte der Auferweckungsglaube schnell zentrale Bedeutung.

75 Münze Johannes Hyrkans I. Auf der einen Seite zwei Füllhörner, die einen Granatapfel flankieren, auf der anderen, von einem Kranz mit Schleife umgeben, die Inschrift »Johanan, der Hohepriester und die Gemeinschaft der Juden« (ca. 110–104 v. Chr.).

Die Makkabäer bekämpften die Versuche, die jüdische Religion in der hellenistischen Welt zu akkulturieren, brutal. Sie vertrieben und ermordeten, auf das Dtn gestützt, die so genannten Hellenisten als Verführer. In den von ihnen eroberten Gebieten, z. B. in Idumäa, zwangen sie – in Umkehrung des Versuchs Antiochus' IV. – die Nichtjuden die Beschneidung anzunehmen oder das Land zu verlassen. Im Heerwesen, in der Architektur und in vielen anderen Belangen übernahmen die Hasmonäer-Makkabäer allerdings hellenistische Praktiken. Ihre Münzprägungen ab Johannes Hyrkan (135/134–104 v. Chr.) zeigen jedoch, dass sie sich in strikt religiösen Dingen, etwa beim Kultbilderverbot, an die strenge Auslegung hielten (**Abb. 75**).

Unter Alexander Jannäus (103–76 v. Chr.) hat die Hasmonäerdynastie den Gipfel und die Grenzen ihrer Macht erreicht. Alexander Jannäus setzt als erster auf seine Münzen den Titel »König« (**Abb. 76**).

Er betont damit seine vollständige Unabhängigkeit von den Seleukiden. Der achtstrahlige von einem Kranz umgebene Stern dürfte als Hinweis auf Num 24,17 verstanden worden sein: »Ein Stern tritt hervor aus Jakob, eine Zepter-Keule steht auf aus Israel. Sie zerschlägt Moab die Schläfen«. Historisch dürfte das Motiv an die Eroberung großer Teile von Moab durch Alexander Jannäus erinnert haben. Der Anker auf der griechischen Seite der Münze dürfte u. a. die Eroberung einer Reihe von Küstenstädten feiern. Beide Seiten zusammen erhoben für Jannäus den Anspruch, das Land vom Wüstenrand im Osten (Moab) bis zur Mittelmeerküste im Westen als König zu beherrschen. Mit den Söldnerheeren, mit denen Jannäus diese Eroberungen gelangen, scheint er bei Widerstand und Kritik auch gegen sein eigenes Volk vorgegangen zu sein. Die Spannungen wurden so groß, dass eine von den Pharisäern angeführte Gruppe den Seleukidenkönig Demetrius III. (95–87 v. Chr.) bat, gegen den eigenen König vorzugehen. Gegen Ende seiner Herrschaft scheint Alexander Jannäus die Spannungen mit den Pharisäern bewusst abgebaut zu haben.

Da Alexander Jannäus um den Widerstand, ja um den Hass des Volkes gegen ihn und seine Dynastie wusste, soll er auf dem Totenbett seiner verängstigten Frau Alexandra Salome geraten haben, ihrerseits die Herrschaft zu übernehmen und sich mit den

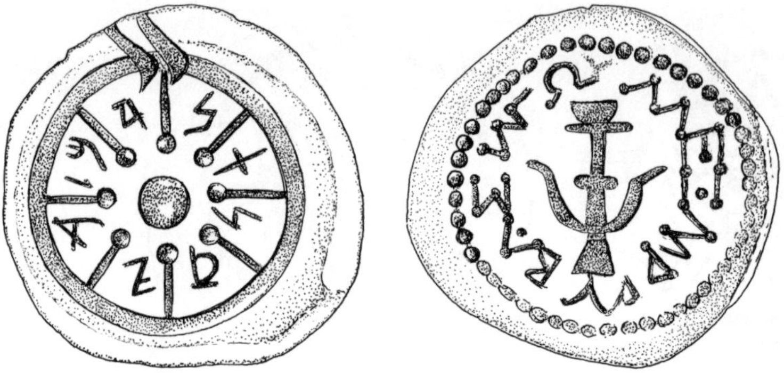

76 Auf dem verbreitetsten Münztyp des Alexander Jannäus ist auf der einen Seite ein achtstrahliger, von einem Diadem umgebener Stern zu sehen. Dessen Zacken ist in althebräischer Schrift einbeschrieben »Der König Jehonatan«. Auf der anderen Seite findet sich ein Anker und rundum die griechische Inschrift »(Prägung) des Königs Alexander« (103–76 v. Chr.).

Pharisäern auszusöhnen, da das Volk vollständig unter deren Einfluss stehe. Wer sie gewonnen habe, habe das Volk gewonnen.
Alexandra Salome folgte dem Rat ihres Mannes und übernahm das Regiment (76–67 v. Chr.). Sie beteiligte die Pharisäer an der Macht. Den älteren der zwei Söhne, den wenig ambitiösen Hyrkan, machte sie zum Hohenpriester, den jüngeren und energischen Aristobul hielt sie von der Macht fern. Sie verdrängte die hellenismusfreundliche Tempel-Aristokratie der Sadduzäer weitgehend aus der Vormachtsstellung, die ihnen Johannes Hyrkan I. und Alexander Jannäus eingeräumt hatten, und überließ ihren Platz wohl aus eigenem Einsehen und nicht nach dem legendären Rat des sterbenden Jannäus den Pharisäern, denn sic war offensichtlich eine kluge Frau. Sie ließ diese das Leben weitgehend nach der väterlichen Überlieferung organisieren. Damit machte sie sich beim Volk beliebt. Gleichzeitig war sie eine tüchtige Verwalterin. Sie verdoppelte den Bestand des Volksheers und dämmte so den Einfluss der Söldnertruppe ein ohne diese abzuschaffen. Sie verschaffte sich damit Respekt nicht nur im eigenen Land, sondern auch bei allen Nachbarn. Denn sie verwendete ihre starke Position nicht dazu, das Staatsgebiet zu erweitern, und schenkte dem Land schließlich nach vielen verlustreichen Kriegen eine Zeit des Friedens.
Jerusalem und der Tempel wurden unter den Hasmonäern ausgebaut und mit zahlreichen Monumenten geschmückt. Sie wurden ein Symbol der nationalen Unabhängigkeit und Integrität und ein Orientierungspunkt für die weltweiten jüdischen Gemeinschaften.
Mit der *politischen* Unabhängigkeit dieser glanzvollen Stadt war es vorbei, als Pompeius 63 v. Chr. das seleukidische Reich definitiv liquidierte und gleichzeitig das Hasmonäerreich, das durch Streitigkeiten zwischen Aristobul II. und Hyrkan II., den Söhnen Alexandra Salomes, geschwächt war, dem römischen Reich einverleibte. Cäsar anerkannte in mehreren Dekreten die Sonderstellung der jüdischen Religion, und die *Pax Romana* eröffnete Jerusalem einzigartige Möglichkeiten, ein lebendiges religiöses Zentrum zu werden. Auf den Münzen des von den Römern abhängigen Has-

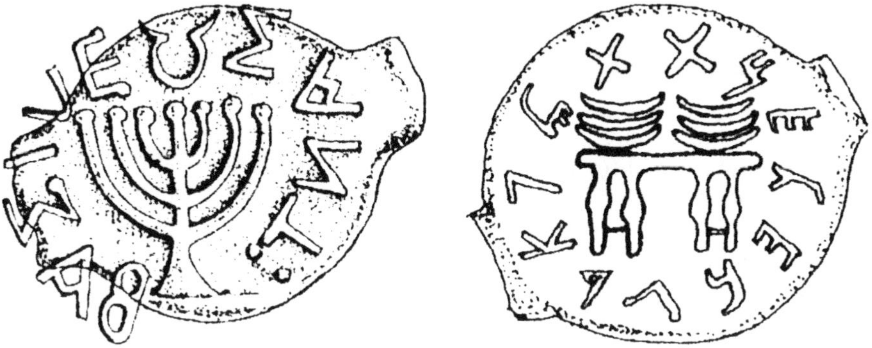

77 Münzen des Mattatias Antigonus mit dem siebenarmigen Leuchter und der Beischrift »des Königs Anti(gonus)« und dem Schaubrottisch mit Broten und der Beischrift »(des) Mattatias, des Hohenpriesters« (40–37 v. Chr.).

monäer-Königs Mattatias Antigonus erscheinen keine politischen Symbole mehr, wohl aber religiöse (**Abb.** 77).

Philo von Alexandrien schildert in der Beschreibung der jüdischen Gesandtschaft zu Kaiser Caligula im Jahre 39/40 n. Chr. sehr eindrücklich die Bedeutung Jerusalems für die jüdischen Gemeinden im ganzen römischen Reich (Legatio ad Gaium 281f). Seine Aufzählung der Länder und Völker, wo überall Juden wohnen, die sich an Jerusalem orientieren, erinnert an die Aufzählung in der Apg 2,5–11, wo die Völker aufgezählt werden, die sich zu Pfingsten in Jerusalem einfinden. Plinius der Ältere nennt Jerusalem in seiner im 1. Jh. n. Chr. entstandenen »Naturalis Historia« die bedeutendste Stadt im Osten des römischen Reiches, fast ein Gegenstück zu Rom im Westen (V 70).

Das Christentum nutzte die prägende Kraft Jerusalems in hohem Maße, wenn etwa in der Apostelgeschichte Jerusalem eindrücklich als Ausgangsort der Weltmission geschildert wird. Neben Jerusalem entstanden für das Christentum nach und nach weitere Zentren wie Alexandria, Antiochia, Konstantinopel und Rom. Die Rolle Jerusalems für das Judentum wurde bald durch die beiden Aufstände gegen Rom mit ihren politischen Ambitionen im Sinne der Hasmonäer durch die Zerstörung des Tempels im Jahre 70 n. Chr. und die zeitweilige Verbannung der Juden aus Jerusalem im Jahre 135 n. Chr. für lange Zeit stark beeinträchtigt.

Seine überragende Bedeutung hatte Jerusalem nicht aufgrund seiner wirtschaftlichen, politischen, wissenschaftlichen oder künstlerischen Errungenschaften erlangt. Darin waren Alexandrien oder Antiochien, Athen oder Rom viel bedeutender. Seine hervorragende Stellung verdankte Jerusalem einzig seinen religiösen Phänomenen, vor allem seiner Eigenschaft, die Wiege des Monotheismus geworden zu sein. Schon der sonst konsequent judenfeindliche Tacitus anerkennt nicht ohne Bewunderung: »Die Ägypter verehren eine ganze Menge von Tieren, auch zusammengesetzte Gestalten, die Juden aber haben einen rein geistigen Gottesbegriff und kennen nur *ein* göttliches Wesen. Als gottlos betrachten sie jeden, der nach menschlichem Gleichnis Götterbilder aus irdischem Stoff gestaltet; das ihnen vorschwebende höchste, die Zeiten überdauernde Wesen ist nach ihrer Ansicht nicht darstellbar« (Historia V 5).

Eine Art Fazit

Warum jener Monotheismus, der dann im Judentum, im Christentum und im Islam zu tragender und geschichtsmächtiger Bedeutung gekommen ist, gerade im 7.–6. Jh. v. Chr. in Jerusalem entstand, dafür gibt es Gründe aber keinen Grund. Ähnliches gilt für andere Phänomene der erstmals von Karl Jaspers beschriebenen und als »Achsenzeit« bezeichneten Periode, etwa für die Entstehung der griechischen Philosophie im 7.–6. Jh. v. Chr. in Ionien oder des Buddhismus im 5. Jh. v. Chr. in Nordindien. Die verschiedenen Bewegungen der »Achsenzeit« konnten sich nicht mehr mit einer Vielzahl gegensätzlicher Mächte (Polytheismus) begnügen, sondern suchten nach einer tieferen Einheit als der eines Götterkönigs.
Es ist ein Gesamt von Bedingungen und Konstellationen, von Ereignissen und Interpretationen, die in Jerusalem und später in der jüdischen Diaspora Babyloniens einen nachhaltigen Monotheismus Gestalt gewinnen ließen. Das wurde hier in den Abschnitten Lage und Geschichte kurz skizziert. Was sich an den Quellen aufzeigen und historisch rekonstruieren lässt, sind Elemente, aus denen dieser Monotheismus aufgebaut wurde, der sich in einer ganzen Volksgemeinschaft etablierte und durchsetzte. Er war nicht wie bei Echnaton (1353–1336 v. Chr.) das königlich-intuitive und autoritär verfügte Werk eines einzelnen, das über dessen Tod hinaus keinen Bestand hatte, es sei denn man bemühe die fragwürdige Hilfskonstruktion eines historisch nicht fassbaren kollektiven, später wieder wirksam werdenden Unbewussten. Er war nicht wie bei Xenophanes (ca. 570–475 v. Chr.) ein philosophischer Gedankenflug ohne konsequente Verbindlichkeit. Was sich anhand der kritisch gelesenen biblischen Texten und der Archäologie Israels/Palästinas feststellen lässt, sind Bedingungen und Elemente, die seine Entstehung ermöglichten und mittels deren er sich ausdrückte. Die eigentlich schöpferischen Momente der Inspiration bzw. Offenbarung sind im strengen Sinne nicht fassbar. Zwar behaupten sensationsgierige Presseerzeugnisse oder quer einsteigende Gelehrte mit zuverlässiger Regelmäßigkeit die tiefste Wurzel gefunden, die entscheidende Triebfeder entdeckt, die geheimste Kammer geöffnet zu haben. Bei näherem Zusehen erweisen sich diese »Entdeckungen« als freihändige, oft abenteuerliche psychologische oder soziologische Konstrukte – das wahrscheinlich berühmteste und bekannteste ist Sigmund Freuds »Der Mann Moses und die monotheistische Religion« von 1939. Mit dem, was die verfügbaren historischen Quellen hergeben, hat auch Freuds Versuch wie andere wenig bis nichts zu tun. Die Entstehung des Monotheismus ist aber primär eine historische Frage und die Realität ist auch hier wie immer komplex. Antworten müssen sich auf kritisch ausgewertete Quellen stützen. Wenn das nicht der Fall ist, handelt es sich um bloße Spekulationen, Vermutungen und Unterstellungen, die den wissenschaftlichen Erkenntnisgewinn mehr trüben als klären. Was sich aus der Analyse der verfügbaren, kritisch befragten Quellen gewinnen lässt, ist ein nuanciertes Verständnis dessen, was der jerusalemisch-judäische Monotheismus genau war, welche Ingredienzien seine Besonderheit bestimmten und wie er sich als inklusiv-kumulativer von anderen Monotheismen, besonders von dem älteren, exklusiven des Echnaton unterscheidet.

Fest steht, dass der jüdisch, christlich, islamische Monotheismus nicht schlagartig mit Abraham einsetzte, wie es alle drei monotheistischen Religionen je auf ihre Art darstellen, und die heute beliebte »Abrahamitische Ökumene« das voraussetzt (vgl. dazu und zum Folgenden: Keel 2009b). Mohammed sagt mit Recht: »Abraham war weder Jude noch Christ« (Sure 3,67; vgl. 2,140). Noch weniger, muss man dem Koran allerdings entgegenhalten, war er Muslim. Der historische Abraham, soweit er überhaupt historisch fassbar ist, war Polytheist. Im Selbstverständnis der biblischen Schriften erscheint er als derjenige, mit dem Gott einen Dialog angefangen hat, den er mit seinen Nachkommen und Verehrern fortsetzt. Erst das jüdische Schrifttum der zwischentestamentlichen Zeit hat aus ihm einen Monotheisten gemacht, der jede Art von Götzendienst aggressiv verwarf und toratreu lebte, ehe die Tora überhaupt offenbart war. Die Christen haben den monotheistischen Abraham vom Judentum übernommen, verstanden ihn aber als ersten Christen, der im Gegensatz zum jüdischen Abraham nicht aufgrund von Gesetzeswerken, sondern aufgrund seines vertrauensvollen Glaubens an den radikal gnädigen Gott gerechtfertigt wurde. Vom Judentum und Christentum hat Mohammed den monotheistischen, jede Form von Götzendienst ablehnenden Abraham übernommen. Als neue Aufgabe hat er ihm die Funktion zugewiesen, zusammen mit seinem Sohn Ismael-Ismaïn die Kaaba in Mekka zu errichten bzw. vom Götzendiest zu reinigen. Im Koran finden sich beide Varianten. Mohammed hatte zuerst vom Judentum die Gebetsrichtung (*qibla*) nach Jerusalem übernommen. Nachdem er von den Juden in Medina aber nicht als Prophet anerkannt worden war und sich mit ihnen blutig zerstritten hatte, änderte er diese um 180 Grad vom Tempelplatz in Jerusalem weg zur Kaaba in Mekka (Sure 2,142–145). Die Kaaba und ihr Kult waren ursprünglich polytheistisch, wie der dort bis heute vorhandene schwarze Stein anschaulich macht. Wie schon im Judentum und Christentum hatte »Abraham« auch im Falle des Islam die Funktion, die Offenbarungsreligion von ihren heidnischen Wurzeln zu trennen.

Nach der Entzifferung der Hieroglyphen und der Keilschrift kamen die großen, ebenfalls religiösen Leistungen der altorientalischen Kulturen ins Blickfeld der europäisch-amerikanischen Theologie. Die »Religionsgeschichtlichen Schule« (z.B. Hermann Gunkel, Hugo Gressmann) hat versucht diese neuen Erkenntnisse theologisch zu integrieren. Diese Versuche sind in den 30er Jahren des 20. Jahrhunderts von der so genannten Dialektischen Theologie scharf zurückgewiesen worden. Karl Barth konstruierte einen krassen Gegensatz zwischen Religion und Offenbarung. Religion sei der zum Scheitern verurteilte Versuch vom Menschen her einen Weg zu Gott zu konstruieren. Offenbarung ereigne sich senkrecht von oben, stelle den Menschen radikal in Frage und offenbare sein Leben als reine Gnade. Diese scharfe Trennung entsprach dem autoritären Zeitgeist. Es scheint mir aber sachlich fragwürdig, die beiden Prozesse – Religion und Offenbarung – exklusiv einerseits auf die paganen Religionen und andererseits auf Judentum und Christentum zu verteilen. Es hat sich in den paganen Religionen Offenbarung ereignet und im Judentum und Christentum fehlen religiöse Bemühungen nicht. Theologie darf sich nicht auf willkürliche Behauptungen, auch wenn sie noch so selbstbewusst vorgetragen werden, gründen, sondern muss natürliche und historische Fakten der intellektuellen Redlichkeit zu lieb ernst nehmen. Es kann als Tatsache gelten, dass immer wieder Menschen ein Absolutes erfahren haben, das alles Natürliche und Geschichtliche in Frage stellte. Es ist die

Wucht des Wunders, dass etwas ist und nicht nichts (G. W. Leibniz). Das Wunder, dass man angesichts einer unvorstellbaren Übermacht von ihr nicht vernichtet wird, sondern am Leben bleibt und so die Existenz als reines Geschenk erfährt. Aber die mit einer solchen Grunderfahrung verbundenen Vorstellungen sind Deutungen und Deutungshilfen, Interpretamente, die die Empfänger der »Offenbarung« mitbrachten bzw. modifizierten oder schufen. »Offenbarung« kann ja nur verstanden und mitgeteilt werden, wenn sie in einer konkret existierenden Sprache ausgedrückt wird. Damit erst wird das Unfassbare fassbar und zugleich mit menschlicher Unzulänglichkeit behaftet. Diese ist Teil jeder Offenbarung. Jede »Offenbarung« besteht aus einem Phänomen, einer Erfahrung und deren Interpretation und Formulierung.

Der Anspruch eines Menschen, Gott habe zu ihm gesprochen, kann nicht verifiziert werden. Zur Zeit des Propheten Jeremia stellte sich die dramatische Frage, ob es Gottes Wille sei, sich der neuen Großmacht Babylon zu unterwerfen. Der Prophet Jeremia vertrat im Namen JHWHs ein »Ja!«, sein Gegner, der Prophet Hananja ebenso klar ein »Nein!« (Jer 27f). Aus solchen und ähnlichen Erfahrungen zog das Dtn den Schluss, ein wahrer Prophet, der zu Recht beansprucht, im Namen JHWHs gesprochen zu haben, sei der, dessen Wort sich erfüllt (18,21f). Das zeigt sich leider erst im Nachhinein. Als Kriterium für die Beurteilung echter und falscher Prophetie bleibt nur der Weg, den Jesus mit dem Satz weist: »An ihren Früchten werdet ihr sie erkennen« (Mt 7,16).

Die Offenbarung des Monotheismus ist nicht erfolgt, indem Gott auf Hebräisch vom Gottesberg herunter gerufen hat, er sei der eine und einzige, sondern indem die Propheten Israels, vom Absoluten berührt, in einem längeren Prozess zunehmend deutlich zur Überzeugung kamen, dass die Vielfalt der Phänomene natürlicher und geschichtlicher Art nicht auf viele Mächte, sondern auf eine einzige Macht zurückzuführen sei. In Israel/Palästina, dem wiederholt als Schmelztiegel funktionierenden Grenzbereich der zwei großen altorientalischen Kulturen, der Keilschriftkultur Vorderasiens und der Hieroglyphenkultur Ägyptens, mit dem Wetter- bzw. dem Sonnengott als Hauptgottheiten wurde JHWH mit beiden identifiziert. Als Ursache so verschiedener Phänomene wie Gewittersturm und Sonnenlauf wuchs JHWH eine Transzendenz über allen sichtbaren Phänomenen zu. Der große Gewinn dieser »Offenbarung« war, Welt und Menschheit nicht mehr als eine Ansammlung verschiedenster, unkoordinierter Größen, sondern als ein Gefüge zu verstehen zu versuchen, in dem alles zusammenhängt und zusammen gehört. Damit verschwinden die Brutalitäten, die wir in der Natur beobachten, nicht. Das Reden von der »Schöpfung Gottes« ist, wie E. Drewermann mit Recht bemerkt, oft einfältig-naiv, wenn nicht zynisch. Andererseits ist die »heidnische« Ergriffenheit angesichts der Mächte dieser Welt nicht einfach als unzulässig beiseite zu schieben.

Nicht nur das Judentum, wie in dieser Skizze der Entstehung des Monotheismus immer wieder gezeigt wurde, hat bei der Ausformulierung seiner eigenen Vision und Interpretation der Welt stark von paganen Erfahrungen und Interpretationen profitiert. Auch im Christentum finden sich zahlreiche Beispiele. Als man im 3. Jh. n. Chr. in Rom den 25. Dezember als »Geburtstag des unbesiegten Sonnengottes« zu feiern begann, übertrug die Christenheit diesen Geburtstag auf Jesus Christus als wahre »Sonne der Gerechtigkeit«. Das pagane Element der Wintersonnenwende, Weihnachten als Fest der Überwindung der Finsternis durch das Licht, ist ein Grund, warum das Weihnachtsfest mit dem Schwächer-Werden des Christentums nicht verschwindet. Das heidnische Fundament ist resistent. Mit dem Verbleiben des »Turmfundaments« bleibt die Möglichkeit, sich früher oder später wieder auf das Plus einzulassen, das die Überhöhung der physikalischen Sonne durch die »Sonne der Gerechtigkeit« bedeutete.

Auch der Islam lebt zum Teil von heidnischen Ingredienzien. Was wäre er ohne die Gebetsrichtung nach der Kaaba in Mekka und der Wallfahrt dorthin. Mohammed hat nicht nur die Kaaba, sondern auch manche der dort gepflegten Kultsymbole und Riten (*scha'a'ir*; z.B. Sure 2,158; 5,2) übernommen und als solche Allahs islamisiert. Sie schenken der sonst recht abstrakten Religion eine räumlich-zeitliche, und d.h. eine menschliche Dimension.

Mit Hilfe der Gestalt »Abrahams« haben alle drei monotheistischen Religionen ihre heidnischen Wurzeln abgetrennt und sich so, wie das Christentum gegenüber dem Judentum, als undankbare »Töchter« bzw. überhebliche »Geschwister« erwiesen.

Die vertikale Transparenz, die »vertikale Ökumene« wurde seit 1945 in Bezug auf die Abhängigkeit des Christentums vom Judentum und des Islams von Judentum und Christentum immer deutlicher demonstriert. In Bezug auf die Abhängigkeit aller drei monotheistischen Religionen vom Paganen ist das erheblich weniger geschehen. Jon D. Levenson hat das Problem in einem bahnbrechenden Artikel, der 1985 erschienen ist, angesprochen. Er stellte fest, dass das Judentum im Gegensatz zum Christentum zwar keinen älteren »Bruder« hatte, von dem es ein Corpus heiliger Schriften, das so genannte Alte Testament, übernahm und sich auf problematische Weise aneignete. Aber das Judentum kannte einen »Bruder«, der verflucht war und dessen Erbe (das Land) es antrat. Weil Ham, der Vater Kanaans, seinen Vater Noach sexuell missbraucht haben soll, erzählt Gen 9,25f, dass Kanaan und alle seine Nachkommen verflucht und dazu bestimmt worden seien, die niedersten Knechte Sems zu werden, als dessen wichtigster Nachkomme Abraham gilt (Gen 11,10–26). Dieser Fluch über Kanaan ist einer der Gründe, die dazu dienen, Israels negativen Umgang mit Kanaan zu rechtfertigen. Die Anschuldigungen werden hauptsächlich im Deuteronomium thematisiert und umfassen eine angeblich sehr laxe Sexualmoral, angebliche Kinderopfer, eine gängige Verehrung heiliger Steine, Bäume und Götzenbilder und Zauberei (siehe Keel 2005: 11–26). Diese Vorwürfe wurden im Lauf der Geschichte immer wieder von Juden und Christen dazu verwendet, autochthone Völker zu unterdrücken, so zwang der Hasmonäer Johannes Hyrkan die Idumäer sich beschneiden zu lassen oder auszuwandern, und christliche Monotheisten unterdrückten die Indianer in Amerika (Staubli 2011) oder die Schwarzen im Südafrika der Apartheid, wie F. Deist, das in seinem Aufsatz »The Dangers of Deuteronomy« beschrieben hat. Die Überwindung des monotheistischen Ghettos ist aber von besonderer Bedeutung, weil ein großer Teil der neuzeitlichen und heutigen europäischen Gesellschaft mit den alten polytheistischen, »heidnischen« Religionen sympathisiert. Schillers »Die Götter Griechenlands« und Goethes »Die Braut von Korinth« sind frühe Zeugnisse für diese neue Sympathie. Philosophen wie Odo Marquard, Kulturwissenschaftler wie Jan Assmann und Schriftsteller wie Philipp Roth oder Michel Houellebecq haben ihre Sympathie für den Polytheismus beredt zur Sprache gebracht. Wo Jan Assmann in Podiumsgesprächen Alttestamentlern, die den Monotheismus vertreten, gegenübersteht, gehört die Sympathie des intellektuellen Publikums weitest-

gehend Jan Assmanns Position. Nicht weil diese Leute Polytheisten wären, aber der Polytheismus mit seiner großen Nähe zu natürlichen und kulturellen Phänomenen steht dem heutigen Naturalismus näher als ein transzendenter Monotheismus mit seinen stark konzeptuellen Aspekten und seiner im ethischen Bereich häufigen Überforderung des Menschen. Allerdings ist es eine Illusion sozusagen zur Natur zurückkehren zu wollen, denn der Mensch ist, seit er Mensch ist, zunehmend ein Kulturwesen. Er kann auf Konzepte, wie sie der Monotheismus entworfen hat, nicht verzichten. Er kommt um kühne Zielsetzungen nicht herum, auch wenn solche häufig Frustrationen mit sich bringen.
Für den Naturalismus stellt die Natur im Anschluss an Baruch Spinozas (1632–1677) Formel *Deus sive natura* (ob diese damit richtig verstanden ist oder nicht, bleibe hier dahin gestellt; vgl. dazu Müller 2006) den letzten Horizont dar und er sieht keinen Grund dafür, an einen personalen transzendenten Gott im Sinne der monotheistischen Religionen zu glauben. Anlässlich einer Umfrage unter 149 führenden Biologen bekannten sich 78 % zu dieser als naturalistisch bezeichneten Sicht, 3 % antworteten nicht, 14 % bezeichneten sich als Deisten und nur gerade 5 % bekannten sich zu einem Glauben im Sinne der monotheistischen Religionen. Albert Einstein wird aufgrund seines Satzes »Gott würfelt nicht« häufig wie ein Kirchenlehrer zitiert. Er meinte damit aber nicht mehr, als dass es in der Natur keine Zufälle gebe.

Der hier vorgelegte Überblick versuchte im Sinne einer vertikalen Ökumene zu zeigen, wie der biblische Monotheismus aus dem Polytheismus herausgewachsen ist und diesem viel an Erfahrungen, Einsichten, Bildern und Symbolen verdankt, wenn er ihn letztendlich auch transzendiert hat. Grundlegend verbindet den biblischen Monotheismus mit den altorientalischen Polytheismen eine gewisse Weltzugewandtheit, ja Weltfreudigkeit und Weltverantwortung. Weder das Judentum noch der Islam haben die Welt je als bloßen Schein, als etwas gesehen, was nicht als Herausforderung ernst zu nehmen und mitzugestalten wäre. In gewissen Spielarten, etwa bei drängender Naherwartung, kannte das Christentum weltflüchtige Tendenzen. In der Regel blieb es einer starken Verantwortung der Welt gegenüber treu. Auch wenn die Welt für den Monotheismus keine direkte Manifestation des Göttlichen war, sondern »nur« sein Werk, hatte sie gerade als solches eine ganz eigene Würde. Weder ist sie bloßer Schein noch seelenlose Materie. Als »Kunstwerk« trägt sie die Fingerabdrücke (Psalm 8,4) ihres Schöpfers. Für die Weisheit Salomos und den Römerbrief des Paulus ignorieren die Polytheisten zugunsten des Werks den Künstler. Die Weisheit Salomos bagatellisiert diesen Irrtum bis zu einem gewissen Punkt und findet, dass jene, die sich so irren, nur geringen Tadel verdienten: »Vielleicht suchen sie Gott und wollen ihn finden, gehen aber dabei in die Irre. Sie verweilen bei der Erforschung seiner Werke […] denn schön ist, was sie schauen« (13,6f). Anliegen der vorliegenden Skizze war es zu zeigen, dass Theisten und Naturalisten nicht so radikal getrennt sind, wie es kompromisslose Positionen immer wieder glauben machen wollten und wollen. Schlussendlich ist nach der Parabel vom Weltgericht in Mt 25,31–46 entscheidend, ob man sich der Sorgen und Nöte der realen Menschen annimmt oder nicht. Die Welt ist in dieser Tradition der einzige Erscheinungsort Gottes, aber einer, der zu gestalten ist.

Als Nachwort einige Bemerkungen zur Geschichtsschreibung

Es ist in dieser Darstellung der Geschichte Jerusalems und der Entstehung des Monotheismus gelegentlich gewertet worden. Die Sympathien galten z. B. dem stärker universalen als dem Monotheismus mit partikularistischen Tendenzen. Dabei ist nicht übersehen worden, dass auch das von Jeremia bekämpfte Credo, JHWH werde seine Stadt Jerusalem auf jeden Fall schützen, das den Widerstand gegen Nebukadnezzar motiviert und letztendlich zur Zerstörung der Stadt und des Tempels geführt hat, die Geschichte voranbrachte. Der milde Satz »Es hat alles sein Gutes« kann aber angesichts der Leiden, des Elends und der Ressentiments, die Fehleinschätzungen und Fehlentscheidungen mit sich bringen, leicht einen zynischen Beigeschmack bekommen. »Gott schreibt gerade auch auf krummen Zeilen« ist diesbezüglich etwas weniger anfällig. Der Satz nimmt die Bosheit menschlicher Selbstgerechtigkeit und Herzensverhärtung, das »Krumme«, ernst, lässt ihm aber nicht das letzte Wort.

Ist solches Deuten und Werten im Rahmen einer Geschichtsdarstellung legitim?

Heutige Geschichtsschreibung steht in einer – oft unbewussten – Spannung. Einerseits wissen wir spätestens seit der kantianischen Wende, dass die Subjektivität immer mit von der Partie ist und dass intellektuelle Redlichkeit verlangt, diese Subjektivität zu reflektieren, sie zu thematisieren und die Interessen zu deklarieren, die unsere Arbeit leiten. Geschichtsschreibung dient nie nur der Darstellung der Vergangenheit, sondern enthält immer auch eine Botschaft des Autors oder der Autorin für die Gegenwart, etwa insofern er oder sie dem Bild der Vergangenheit unter der Hand positiv orientierende oder negativ abschreckende Farben beimischt. Andererseits traut sich die Postmoderne mit ihrem Sinn für Multikulturalität zu, bei der Schilderung vergangener Ereignisse und fremder Personen das eigene Urteil vollständig zurückstellen zu können und fühlt sich dazu verpflichtet, jene allein von ihren eigenen Voraussetzungen her zu verstehen und darzustellen. Bob Beckings Meinung steht für viele, wenn er etwa zur Mischehenproblematik in Esra-Nehemia sagt:

»Diese rigiden Maßnahmen sind im Hinblick auf all das, was die Gesetze Israels über den Schutz der Armen und Bedürftigen sagen, schwer zu verstehen. Manche Leser fühlen sich bei diesen Maßnahmen unbehaglich [...] Es ist meine Überzeugung, dass wir diese Maßnahmen im Hinblick auf ihren historischen und sozialen Hintergrund interpretieren sollten.«

Ist es möglich, Zeugnisse der Vergangenheit, z.B. die »Nehemia-Memoiren«, *ausschließlich* von ihren eigenen historischen und sozialen Voraussetzungen her darzustellen, wenn man sie als Quelle zur Rekonstruktion historischer Abläufe benützt? Oder können und sollen wir, wenn wir Nehemias Memoiren als Quellen einer Beschreibung der nachexilischen oder vielleicht erst der hasmonäischen Zeit verwenden, uns auch von unseren Vorstellungen vom Zusammenleben der Menschen und von »all dem, was die Gesetze Israels über den Schutz der Armen und Bedürftigen sagen«, leiten lassen? Sollten wir z. B. die Positionen Nehemias bzw. des hasmonäischen Schriftstellers, der sich hinter Nehemia versteckt, nicht mit denen der Frauen, die von ihm an den Haaren gezerrt wurden, konfrontieren? Können wir das, da sie im Gegensatz zu »Nehemia« keine Memoiren hinterlassen haben oder diese jedenfalls nicht erhalten sind? Soll man nicht und ist es nicht sinnvoll, nach den Motiven jener zu fragen, die im Gegensatz zu Nehemia mit Samaria nicht die Konfrontation, sondern die Kooperation suchten, die sie u. a. durch Eheschließungen festigten? Ähnliche Fragen wie an die »Nehemia-Memoiren« können z. B. an die Kanaanäerfeindlichkeit des Deuteronomium oder die Polemik der Makkabäerbücher gegen die »Hellenisten«, kurzum an all jene Texte gestellt werden, die dezidiert gegen eine oder mehrere andere Gruppen gerichtet sind. Da die Positionen dieser »Gegner« nicht schriftlich vorliegen, können wir uns nur auf Vermutungen und unser Unbehagen stützen. Könnte aber so nicht, wenn schon keine Objektivität möglich ist, doch wenigstens eine Art Intersubjektivität hergestellt werden? Welchen Interessen dient es, Nehemia, das Deuteronomium oder die Makkabäerbücher nur von ihren eigenen Voraussetzungen her darzustellen? *Kann* man diese vorkantianische Position überhaupt einnehmen? Ist es wünschenswert sie einzunehmen? Dient sie vielleicht einer Apologie der eigenen Position, der stillschweigenden Verabsolutierung des eigenen Schrift-Kanons, während man vom Islam gleichzeitig nachdrücklich fordert, seine eigene Heilige Schrift, den Koran, kritisch zu lesen?

Was meint »kritisch«? Ich verstehe darunter den Versuch, *erstens* die Spannung in der Welt, die einen bestimmten Text produziert hat (z. B. die Spannung zwischen Traditionalisten und Hellenisten), und *zweitens* die Spannung zwischen der Subjektivität des Geschichtsschreibers mit seinen heute und hier geltenden Normen der Menschlichkeit und der Welt des Textes zu thematisieren.

Der ersten Art von Spannung (der innerhalb der zu beschreibenden Sachverhalte) wird eine intersubjektive Geschichtsschreibung dadurch gerecht, dass sie das, was dargestellt wird, soweit wie möglich aufgrund *aller verfügbaren Quellen* (Archäologie, Ikonographie, biblische und außerbiblische Texte) darstellt und sich nicht einseitig auf *einen* Zeugen (z. B. »Nehemia«) verlässt und so unbesehen den Positionsbezug des Kanonisierungsprozesses übernimmt und apologetisch perpetuiert. Die Metapher von der Geschichtsschreibung als eine Art Tribunal kann verdeutlichen, wie wichtig das geduldige Anhören unterschiedlicher Zeugen ist. Als solcher muss auch »Nehemia« von seinen Voraussetzungen her gehört werden. Aber dabei kann es nicht bleiben. Erstens ist ein Tribunal, das bestimmte Zeugen *a priori* ausschließt oder nicht ausreden lässt, problematisch. Dies hat die Geschichtsschreibung hie und da im Hinblick auf die so genannte Biblische Archäologie praktiziert, indem sie biblische Texte parteiisch als bevorzugte Zeugen behandelte und den archäologischen Befund nicht ausreden ließ. Wenn z. B. biblische Texte zu den Mauern Jerichos eine andere Darstellung liefern als die Archäologie, kann keiner der beiden Zeugen *a priori* eine Vorzugsbehandlung beanspruchen (Na'aman 2010). Zweitens muss das »Tribunal« dann die Aussagen der verschiedenen Zeugen, nachdem es diese hat ausreden lassen, einer kritischen Beurteilung unterziehen und z. B. das literarische Genus des Textes oder die Datierungsmöglichkeiten der Archäologie der 30er Jahre in Rechnung stellen. Beide Aussagen sind dann in eine kritische Relation zu setzen. Lässt man beide in ihrem eigenen Recht voll zu Worte kommen, ist gegen die Korrelation biblischer Texte mit archäologischen Befunden nichts einzuwenden. Im Gegenteil, das ist notwendig und kommt dem Textverständnis wie der Archäologie zu-

gute. Mehrere Zeugen sind immer besser als einer. Drittens muss das »Tribunal« auch die Position der »Opfer«, die nicht bzw. nicht mehr aussagen können, gebührend in Betracht ziehen.
Ähnlich wie ein Richter muss der Historiograph die Zeugnisse interpretieren, gegeneinander abwägen und zum Schluss ein, stets notgedrungen subjektiv gefärbtes, Urteil fällen.
Der zweiten Art von Spannung – der zwischen der damaligen und der heutigen Optik – tut eine intersubjektive Geschichtsschreibung Genüge, indem sie ihre subjektive Sicht nicht permanent, aber doch an geeigneten Stellen deklariert und rechtfertigt. Diese Rechtfertigung sollte nicht rein subjektiv sein, sondern kann z. B. in Hinweisen auf die Folgen bestehen, die bestimmte Positionen wie z. B. eine konsequente Abgrenzung von den Nachbarn, ein dezidierter Nationalismus oder Wundergläubigkeit hatten. Reinhard Koselleck, ein Fachmann für Theorien der Geschichtsschreibung, kommt jedenfalls zum Schluss: »Das moralische Urteil [...] ist (bei der Geschichtsschreibung) so nötig wie die Tatsachenerhebung«. Allerdings müssen moralische und völkerrechtliche Urteile auf alle, die an einem geschichtlichen Vorgang beteiligt sind, gleichermaßen angewendet werden.
Wert oder Unwert einer Historiographie scheint mir generell im Umfang und in der Art zu liegen, mit der sie die verfügbaren Quellen benützt oder nicht benützt hat, und in der Deklaration und dem Erfolg des Versuchs, den notwendig subjektiven (moralischen) Standpunkt, von dem aus die Dinge betrachtet werden, einsichtig zu machen und sinnvoll erscheinen zu lassen.
Hans-Peter Müller moniert zu Recht:

> »Da ›Tatsachen‹ auch historiographisch nur in Sinn begründenden Zusammenhängen dargestellt werden können, die weder selbst tatsachenhaft sind, noch im Sinne einer physikalischen Kausalverkettung begriffen werden können, sondern schon durch die Wahl der Zusammenhangselemente eine immer auch willkürbehaftete Interpretation voraussetzen, ist sogar die wissenschaftliche Geschichtsschreibung mit Elementen mythenähnlicher Dichtung versetzt.«

Eine heute akzeptable Form dessen, was Müller als »mythenähnliche Dichtung« bezeichnet, sind soziologische und psychologische Modelle, die oft sehr hilfreich sein können, deren poetischer (gemachter) Charakter aber nicht übersehen werden sollte. Federico Fellini hat seinen einzigen historischen Film, Satyricon, einmal als *science fiction* bezeichnet. Diese Bezeichnung ist drastisch, aber sie macht deutlich, dass unsere Blicke in die Vergangenheit ähnlich denen, die wir in die Zukunft (und sogar auf die Gegenwart) werfen, stark von Extrapolationen und Projektionen bestimmt sind. Der Verfasser hat versucht, die hier gefährlich kurz skizzierten grundsätzlichen Überlegungen in seiner umfangreichen »Geschichte Jerusalems und der Entstehung des Monotheismus« anzuwenden. Ob und wie weit ihm das gelungen ist, darüber wird die »Geschichte« (immer wieder anders) urteilen.
Kaum eine andere Stadt war im Laufe der Zeit und ist bis heute immer wieder politisch und religiös so heftig umkämpft worden wie Jerusalem. Die Verschränkung von Geschichtsschreibung und aktuellen politischen Positionen zeigt sich hier besonders deutlich. Eine intersubjektiv akzeptable Darstellung ist bei diesem Thema deshalb eine ganz besondere Herausforderung und musste und muss ein Desiderat aller sein, die Jerusalem Frieden wünschen (Ps 122,7f).

Natürlich kann man die biblischen Texte auch anders als historisch-kritisch lesen und den garstigen Graben der Geschichte überspringen. Man kann in ihnen z. B. typologisch-allegorisierend bestimmte Muster herausarbeiten und sie als Orientierungszeichen für die eigene Lebensgestaltung verwenden. Zu dieser lange kaum mehr praktizierten Methode sind Ludger Schwienhorst-Schönberger und manche andere in letzter Zeit wieder zurückgekehrt. Damit verlieren sie aber ihr Potenzial, uns etwas über unsere Herkunft bzw. die Herkunft der monotheistischen Glaubenstradition und die Wege zu erfahren, die sie angesichts immer neuer Herausforderungen gegangen ist. Die typologisch-allegorisierende Auslegung ignoriert die Vergangenheit und ihre Akteure und Akteurinnen oder versucht jedenfalls nicht sie ernst zu nehmen. Es findet kein eigentliches Gespräch über den Graben hinweg statt. Man benützt die Texte als Material für zeitlose Gestaltungen, ein Vorgehen, das m. E. der Spezifizität der für Israel charakteristischen Weltbetrachtung nicht gerecht wird. Diese erfährt den Einbruch des Absoluten nicht in zeitlosen Mustern, sondern hauptsächlich und immer neu in ganz konkreten historischen Ereignissen und Personen, in »Zeichen« (Lk 12,56), die im Licht der Vergangenheit und im Hinblick auf die in Zukunft zu erwartenden Folgen zu deuten sind, denn: »Offenbarung« geschieht biblisch gesehen primär in Natur und Geschichte und sekundär am Schreibtisch. Dieser soll nicht abgewertet, aber auf seine Verpflichtung gegenüber der Realität erinnert werden. Die typologisch-allegorische Methode immunisiert die Texte letztlich gegen ihre Geschichtlichkeit und Zeitbedingtheit. Sie versucht deren Absolutheitsstatus gegen alle Evidenz zu retten. Es ist unredlich, Texte wie 1 Thessalonicher 2,14–16 und Johannes 8,43f, die Jahrhunderte lang einen tödlichen Antijudaismus generiert und so schlechte Früchte getragen haben (Mt 7,16f), als heilige Schrift retten zu wollen, indem man sie allegorisierend auf einen innerchristlichen Streit zwischen Glauben und Unglauben deutet (vgl. dazu Keel 2005: 27–39). Das ist nicht im Sinne eines interreligiösen Dialogs. Dieser muss dem Frieden unter den Menschen zuliebe von allen, die ernsthaft daran teilnehmen wollen, verlangen, dunkle Seiten ihrer »heiligen Schriften« und Geschichte einzugestehen und damit auf einen integralen Absolutheitsanspruch zu verzichten. Das heißt nicht, die bleibenden Werte preiszugeben. Der Respekt vor der geschichtlichen Realität ist letztlich auch der Grund, warum in der vorliegenden Darstellung natürlichen (z. B. Lage Jerusalems, Vulkanismus im nordwestlichen Arabien) und geschichtlichen (z. B. Sanheribs Feldzug gegen Jerusalem) Gesichtspunkten so viel Gewicht gegeben wurde.

Quellenangaben zu den Abbildungen

GJM + Zahl, z.B. GJM 7, bezeichnet die entsprechende Abb. in O. Keel, Die Geschichte Jerusalems und die Entstehung des Monotheismus, Orte und Landschaften der Bibel IV, 1, Göttingen 2007.

Abb. 1 = O. Keel/M. Küchler/Ch. Uehlinger, Orte und Landschaften der Bibel. Ein Handbuch und Studienreiseführer zum Heiligen Land. Band 1: Geographisch-geschichtliche Landeskunde, Göttingen 1984, Abb. 100
Abb. 2 = GJM 1
Abb. 3 = GJM 2
Abb. 4 = GJM 6
Abb. 5 = GJM 7 mit Modifikationen von Stefan Münger
Abb. 6,1–8 = GJM 9
Abb. 7 = GJM 10
Abb. 8,1–3 = GJM 11,1–3
Abb. 9 = GJM 13
Abb. 10–11 = GJM 17–18
Abb. 12 = GJM 22
Abb. 13,1–6 = GJM 24–29
Abb. 14,1–2 und 5 = GJM 38–39 und 41a
Abb. 14,3–4 = I. Milevki/Z. Greenhut/N. Aga, A Cemetery in the Holyland Compound, in: New Studies in the Archaeology of Jerusalem and its Region. Collected papers II, Jerusalem 2008, 85 Figs. 1 und 3 (Zeichnungen: Ulrike Zurkinden-Kolberg)
Abb. 15,1–2 = GJM 42 und 44
Abb. 16 = GJM 46
Abb. 17,1–2 = GJM 62–63
Abb. 17,3 = E. Mazar, City of David Excavations, Registration Number 23184
Abb. 17,4–6 = GJM 65–67
Abb. 18 = E. Mazar et al., A Cuneiform Tablet from the Ophel in Jerusalem, in: Israel Exploration Journal 60, 2010, 14 Fig. 2
Abb. 19 = GJM 72–73 modifiziert von Stefan Münger
Abb. 20 = GJM 75
Abb. 21 = GJM 83
Abb. 22 = GJM 111
Abb. 23 = GJM 98
Abb. 24 = GJM 102
Abb. 25 = GJM 122
Abb. 26 = GJM 126
Abb. 27 = E. Mazar, Jerusalem, City of David Excavations, Registration Number 27316
Abb. 28 = GJM 132
Abb. 29,1–2 = Keel 2009: 98 Abb. 22–23
Abb. 30,1–6 = Keel 2009: 90 Abb. 2 und 3; 91 Abb. 4, 8, 12 und 14
Abb. 31 = GJM 140
Abb. 32 = GJM 189
Abb. 33 = GJM 184
Abb. 34,1–3 = GJM 154, 158–159
Abb. 35 = GJM 233
Abb. 36,1–5 = R. Reich/E. Shukron, Jerusalem, Gihon Excavations, Registration Numbers 27663, 15748, Provisional Number 9, Registration Numbers 21535, 22045
Abb. 37,1–3 = R. Reich/E. Shukron, Jerusalem, Gihon Excavations, Registration Numbers 26095, 15744, 20868
Abb. 38,1–4 = R. Reich/E. Shukron, Jerusalem, Gihon Excavations, Registration Numbers 27494, Provisional Numbers 10, 5 und 8

Abb. 39,1–6 = R. Reich/E. Shukron, Jerusalem, Gihon Excavations, Registration Numbers 19313, 18693, 20872, 16771, 20549, 25367
Abb. 40,1–3 = GJM 256–257, R.S. Lamon/G.M. Shipton, Megiddo). Seasons 1925–1934 (Oriental Institute Publications 42, Chicago 1939: Pl. 67,45 (Zeichnung: Ulrike Zurkinden-Kolberg)
Abb. 41,1–2 = GMJ 191a und R. Reich/E. Shukron, Jerusalem, Gihon Excavations, Registration Number 22047
Abb. 42 = GMJ 191
Abb. 43 = O. Keel, Studien zu den Stempelsiegeln aus Palästina/Israel IV, Freiburg/Schweiz-Göttingen 1994: 126 Abb. 16
Abb. 44,1–7 = GJM 240–240a, 242, 238–239, 241 und R. Reich, Mamilla Excavation, Tomb 5
Abb. 45 = GJM 248
Abb. 46 = GJM 272 und 274
Abb. 47,1–2 = N. Avigad/B. Sass, Corpus of West Semitic Stamp Seals, Jerusalem 1997: Nr. 188 (Zeichnung: Ulrike Zurkinden-Kolberg) und GJM 296
Abb. 48,1–8 = GJM 287–289, 292, 285–286, 294–295
Abb. 49 = GJM 283
Abb. 50,1–2 = GJM 302–303
Abb. 51,1–2 = GJM 388–389
Abb. 52,1–6 = GJM 330–331.332–334
Abb. 53,1–2 = GJM 394–395
Abb. 54,1–4 = GJM 401–403
Abb. 55,1–2 = GJM 450 und 451
Abb. 56,1–2 = GJM 445–446
Abb. 57,1–6 = GJM 432–437
Abb. 58,1–2 = GJM 469–470
Abb. 59,1–2 = GJM 458 und 460
Abb. 60,1–4 = GJM 474–477
Abb. 61 = GJM 575
Abb. 62 = GJM 565
Abb. 63 = GJM 577
Abb. 64,1–6 = GJM 632–637
Abb. 65 = GJM 630–631
Abb. 66,1–2 = GJM 588–589
Abb. 67 = GJM 603
Abb. 68 = GJM 607
Abb. 69 = GJM 620
Abb. 70,1–3 = GJM 663–665
Abb. 71 = GJM 668
Abb. 72,1–5 = GJM 669–673
Abb. 73 = GJM 661
Abb. 74 = GJM 674
Abb. 75 = GJM 687
Abb. 76 = GJM 691
Abb. 77 = GJM 681

Zitierte Literatur

Biblische Bücher: Die verwendeten Abkürzungen sind die der RGG[4].
In Bezug auf Sekundärliteratur werden mit Autorennname plus Erscheinungsjahr (z.B. Finkelstein 2010) vor allem einige seit Keel 2007 (vgl. Vorwort) erschienene, in dieser Skizze benutzte Arbeiten zitiert. Die folgende Liste löst diese Abkürzungen auf.
Zu Quellen- und zur Sekundärliteratur vgl. das Vorwort.

Asher-Greve J.M./Goodnick Westenholz J., 2013, Goddesses in Context. On Divine Powers, Roles, Relationships and Gender in Mesopotamian Textual and Visual Sources (Orbis Biblicus et Orientalis 259), Fribourg/Göttingen.

Ben-Tor D., 2007, Scarabs, Chronology, and Interconnections. Egypt and Palestine in the Second Intermediate Period (Orbis Biblicus et Orientalis. Series Archaeologica 27), Fribourg/Göttingen.

Bocher E./Lipschits O., 2013, The *yršlm* Stamp Impressions on Jar Handles: Distribution, Chronology, Iconography and Function: Tel Aviv 40, 99–116.

Deist F.E., 1994, The Dangers of Deuteronomy. A Page from the Reception History oft he Book, in: F. Garcia Martinez et al., eds., Studies in Deuteronomy in Honous of C.J. Labuschagne on the Occasion of his 65th Birthday, Leiden, 13–29.

El Hawary A., 2010, Wortschöpfung. Die Memphitische Theologie und die Siegesstele des Pije – zwei Zeugen kultureller Repräsentation in der 25. Dynastie (Orbis Biblicus et Orientalis 243), Fribourg/Göttingen.

Faust A., 2010, The Large Stone Structure in the City of David, in: Zeitschrift des Deutschen Palästinavereins, 126/2, 116–130.

Finkelstein I., 2010, A Great United Monarchy? Archaeological and Historical Perspectives, in: R.G. Kratz/H. Spieckermann, Hg., One God – One Cult – One Nation. Archaeological and Biblical Perspectives (Beihefte zur Zeitschrift für die alttestamentliche Wissenschaft 405), Berlin, 3–28.

–, 2011, Archaeology as a ›High Court‹ in Ancient Israelite History: A Reply to Nadav Na'aman, in: The Journal of Hebrew Scriptures 10, 1–8.

Hartenstein F., 2007, Sonnengott und Wettergott in Jerusalem? Religionsgeschichtliche Beobachtungen zum Tempelweihspruch Salomos im masoretischen Text und in der LXX (1 Kön 8,12f // 3Reg 8,53), in: J. Männchen/T. Reiprich, Hg., Mein Haus wird ein Bethaus für alle Völker genannt werden' (Jes 56,7). Judentum seit der Zeit des Zweiten Tempels in Geschichte, Literatur und Kult, Neukirchen-Vluyn, 53–69.

Huber M., 2010, Gab es ein davidisch-salomonisches Großreich? Forschungsgeschichte und neuere Argumentationen aus der Sicht der Archäologie (Stuttgarter Biblische Beiträge 64), Stuttgart.

Kamlah J., 2008, Die Bedeutung der phönizischen Tempel von Umm el-Amed für die Religionsgeschichte der Levante in vorhellenistischer Zeit, in: M. Witte/J.F. Diehl, Hg., Israeliten und Phönizier. Ihre Beziehungen im Spiegel der Archäologie und der Literatur des Alten Testaments und seiner Umwelt (Orbis Biblicus et Orientalis 235), Freiburg/Schweiz-Göttingen, 125–164, bes. 135–164.

Keel O., 2005, Die Heilung des Bruchs zwischen kanaanäischer und israelitischer Kultur und zwischen Judentum und Christentum, in: Th. Staubli, ed., Vertikale Ökumene. Erinnerungsarbeit im Dienst des interreligiösen Dialogs, Freiburg/Schweiz, 11–39.

–, 2007, Die Geschichte Jerusalems und die Entstehung des Monotheismus, 2 Bände (Orte und Landschaften der Bibel IV.1), Göttingen.

–, 2009, Seth-Baal und Seth-Baal-Jahwe – interkulturelle Ligaturen, in: G. Theißen/H.U. Steymans/S. Ostermann/K.M. Schmidt/A. Moresino-Zipper, Hg., Jerusalem und die Länder. Ikonographie-Topographie-Theologie. Festschrift für Max Küchler zum 65. Geburtstag (Novum Testamentum et Orbis Antiquus 70), Göttingen, 87–107.

–, 2009a, Minima methodica und die Sonnengottheit von Jerusalem, in: I.J. de Hulster/R. Schmitt, eds., Iconography and Biblical Studies. Proceedings of the Iconography Sessions at the Joint EABS/SBL Conference, 22–26 July 2007, Vienna, Austria (Alter Orient und Altes Testament 361), Münster i. W., 213–223.

Keel O., 2009b, Selbstverherrlichung. Die Gestalt Abrahams in Judentum, Christentum und Islam (Vorträge der Aeneas-Silvius-Stiftung an der Universität Basel 45), Basel.

–, 2010, Elemente von Sonnengottvorstellungen im biblischen Gottesbild. Interkulturalität und ›Intermedialität‹, in: M. Delgado/G. Vergauwen, Hg., Interkulturalität. Begegnung und Wandel in den Religionen (Religionsforum 5), Stuttgart, 57–70.
–, 2012, Paraphernalia of Jerusalem Sanctuaries and their Relation to Deities Worshipped therein During the Iron Age IIA–C, in: Jens Kamlah, ed., Temple Building and Temple Cult: Architecture and Cultic Paraphernalia of Temples in the Levant (2.–1. Mill. B.C.E.). Proceedings of a Conference on the Occasion of the 50th Anniversary of the Institute of Biblical Archaeology at the University of Tübingen (28th–30th of May 2010). (Abhandlungen des Deutschen Palästina-Vereins 41) Wiesbaden, 317–338.
Kreuch J., 2011, Unheil und Heil bei Jesaja. Studien zur Entstehung des Assur-Zyklus Jesaja 28–31 (Wissenschaftliche Monographien zum Alten und Neuen Testament 130), Neukirchen-Vluyn.
Küchler M., 2007, Jerusalem, ein Handbuch und Studienreiseführer zur Heiligen Stadt (Orte und Landschaften der Bibel IV,2), Göttingen.
Kutter J., 2008, *nūr ilī*. Die Sonnengottheiten in den nordwestsemitischen Religionen von der Spätbronzezeit bis zur vorrömischen Zeit (Alter Orient und Altes Testament 346), Münster i.W.
Leuenberger M., 2010, Jhwhs Herkunft aus dem Süden. Archäologische Befunde – biblische Überlieferungen – historische Korrelationen: Zeitschrift für die alttestamentliche Wissenschaft 122, 1–19.
Levenson J.D.,1985, Is there a Counterpart in the Hebrew Bible to New Testament Antisemitism, in: Journal of Ecumenical Studies 22/2: 242–260.
Levy T.E., 2009, Ethnic Identity in Biblical Edom, Israel, and Midian: Some Insights from Mortuary Contexts in the Lowlands of Edom, in: J.D. Schloen, ed., Exploring the Longue Durée. Essays in Honor of Lawrence E. Stager, Winona Lake, 251–261.
Mazar A., 2010, Archaeology and the Biblical Narrative: The Case of the United Monarchy, in: R.G. Kratz/H. Spieckermann, Hg., One God – One Cult – One Nation. Archaeological and Biblical Perspectives (Beihefte zur Zeitschrift für die alttestamentliche Wissenschaft 405), Berlin, 29–58.
Müller K., 2006, Streit um Gott. Politik, Poetik und Philosophie im Ringen um das wahre Gottesbild, Regensburg.
Na'aman N., 2010, Does Archaeology Really Deserve the Status of a ›High Court‹ in Biblical Historical Research?, in: B.E.J-H. Becking/L.L. Grabbe, eds., Between Evidence and Ideology: Oudtestamentische Studiën 59, 165–183.
–, 2010a, The Israelite-Judahite Struggle for the Patrimoine of Ancient Israel: Biblica 91, 1–23.
Ornan T., 2005, A Complex System of Religious Symbols: The Case of the Winged Disc in Near Eastern Imagery of the First Milennium BCE, in: C.E. Suter/Ch. Uehlinger, eds., Crafts and Images in Contact. Studies on Eastern Mediterranean Art of the First Millennium BCE (Orbis Biblicus et Orientalis 210), Fribourg/Göttingen, 207–241.
Peust C./Sternberg-el Hotabi H., 2001, Das »Denkmal memphitischer Theologie«, in: O. Kaiser et al., Hg., Texte aus der Umwelt des Alten Testaments. Ergänzungslieferung, Gütersloh, 166–175.
Pozzi G. 1985, Sul Cantico di Frate Sole. Di Grammatica in Preghiera, Biorgio.
Pury de A., 2008, Wie und wann wurde »der Gott« zu »Gott«, in: U. Dalfert und Ph. Stoellger (Hg.), Gott nennen, Gottes Namen und Gott als Name, Tübingen 121–142.
Reich R., 2012, A Fiscal Bulla from the City of David, Jerusalem: Israel Exploration Journal 62, 200–205.
–/ Shukron E., 2009, Two Hebrew Seals and Two Hebrew Bullae from the City of David in Jerusalem, in: Eretz Israel 29: 358–362.
–/ Shukron E./Lernau O., 2007, Recent Discoveries in the City of David, Jerusalem, in: Israel Exploration Journal 57: 153–169.
Schenker A., 2010, Salomo, Gibeon und Jerusalem. Das gegenseitige Verhältnis der vier Berichte von Salomo in Gibeon (1 Kön 3; 3 Königreiche 3; 2 Chr 1; 2 Par 2), in: Annali di Scienze religiose 1, 2008, erschienen 2010, 19–43.
Sergi O., 2013, Judah's Expansion in Historical Context: Tel Aviv 40, 226–246.
Singer-Avitz L., 2012, The Date of the Pottery from the Rock-Cut Pool Near the Gihon Spring in the City of David, Jerusalem: Zeitschrift des Deutschen Palästinavereins 128, 10–14.
Staubli Th., 2011,Antikanaanismus. Ein biblisches Reinheitskonzept mit globalen Folgen, in: P. Burschel/Chr. Marx (Hg.), Reinheit, Wien 2011, 349–388.
Thompson R.J., 2013, Terror of the Radiance. Aššur Covenant to YHWH Covenant (Orbis Biblicus et Orientalis 258), Fribourg/Göttingen.